W0012288

Shimon Peres

Eine Zeit für den Krieg,
eine Zeit für den Frieden

Das Buch entstand in Zusammenarbeit
mit Jean-Pierre Allali

Es wurde für die deutsche Ausgabe
überarbeitet

Shimon Peres

Eine Zeit für den Krieg, eine Zeit für den Frieden

Erinnerungen und Gedanken

Aus dem Französischen von
Tobias Scheffel und Maja Ueberle-Pfaff

»Alles hat seine Stunde.
Für jedes Geschehen unter dem Himmel
gibt es eine bestimmte Zeit:
eine Zeit zum Gebären
und eine Zeit zum Sterben,
eine Zeit zum Pflanzen
und eine Zeit zum Abernten der Pflanzen,
eine Zeit zum Töten
und eine Zeit zum Heilen,
eine Zeit zum Niederreißen
und eine Zeit zum Bauen,
eine Zeit zum Weinen
und eine Zeit zum Lachen,
eine Zeit für die Klage
und eine Zeit für den Tanz;
eine Zeit zum Steinewerfen
und eine Zeit zum Steinesammeln,
eine Zeit zum Umarmen
und eine Zeit, die Umarmung zu lösen,
eine Zeit zum Suchen
und eine Zeit zum Verlieren,
eine Zeit zum Behalten
und eine Zeit zum Wegwerfen,
eine Zeit zum Zerreißen
und eine Zeit zum Zusammennähen;
eine Zeit zum Schweigen
und eine Zeit zum Reden,
eine Zeit zum Lieben
und eine Zeit zum Hassen;
eine Zeit für den Krieg
und eine Zeit für den Frieden.«

DAS BUCH KOHELET 3,1-8

Inhalt

Wohin steuert Israel?

Wohin steuert Israel? Wie lange werden wir noch auf Frieden warten? Wie lange müssen unsere Kinder noch kämpfen, unsere Söhne und Töchter noch sterben, muss Blut fließen, müssen unsere Mütter weinen? Ist der endlose Kampf mit den Palästinensern, unseren arabischen Nachbarn, schicksalhaft? Werden wir den Terrorismus, jene Plage der modernen Zeit, am Ende besiegen?

Mehr und mehr habe ich das Gefühl, dass jene Lebensweisheit, welche besagt, wir Juden seien ein schlafloses Volk, wirklich begründet ist. Die »Encyclopédie« von d'Alembert und Diderot beschreibt die Juden als das Volk, das die anderen immer am Einschlafen gehindert habe. Heute hat ein großer Teil Israels und der jüdischen Welt Schwierigkeiten, Schlaf zu finden.

Ich bin besorgt um mein Land, um Israel und seine Zukunft, und in den Momenten der Angst sage ich mir, dass Israel nach fünfundfünfzigjähriger Existenz entgegen der Überzeugung vieler Menschen kein Land ist, dessen Zukunft absolut gesichert ist. Die Errichtung, die Wiedererrichtung eines jüdischen Staats ist noch immer nicht vollendet. Und der Messias bleibt noch immer aus. Er ist, wie mir ein Freund einmal sagte, der größte Diplomat, den die Juden jemals hatten. Aus dem einfachen Grund, weil man ihn noch immer erwartet.

In der orthodoxen Bedeutung des Wortes war ich nie religiös. Wenn ich allein bin, kann ich jedoch nicht umhin, ein Gebet zu murmeln: »Wenn Gott uns hört, so möge er Israel beschützen, so möge er dafür sorgen, dass der von unserem Volk so ersehnte Frieden endlich Wirklichkeit werde und der Tag kommen möge, an dem Israel die Uniform auszieht, um Zivil anzulegen.« Weil man auf den Fernsehschirmen und in den Medien nur Soldaten in uns sieht, hat man uns schließlich als ein kriegerisches Volk angesehen. Nichts ist falscher. Wir haben uns die Uniform nicht ausgesucht. Wir haben uns den Krieg nicht ausgesucht. Uns dürstet nach Frieden. »Was ist der Unterschied zwischen Krieg und Frieden?«, fragt ein griechischer Weiser. Seine Antwort passt leider genauestens auf unsere vom Hass so schwer geprüfte Region. »In Friedenszeiten sind es die Kinder, die ihre Väter zu Grabe tragen. In Kriegszeiten sind es die Väter, die ihre Kinder zu Grabe tragen.«

Frieden, der einzige wahre Sieg

Die Zahal – von Zwa Hagana le-Israel, Armee zur Verteidigung Israels – ist eine Bürgerarmee. Unsere Armee ist stark. Und bis heute haben wir trotz bisweilen schwerer Herausforderungen keinen der Kriege, denen wir ausgesetzt waren, verloren. Aber Siege sind vergänglich. Der einzig wahre Sieg ist der Frieden. Vor allem der Frieden mit unseren unmittelbaren Nachbarn, den Palästinensern. Eine Übereinkunft erscheint mir nur dann denkbar, wenn man anerkennt, dass zahlreiche fundamentale Argumente beider Seiten grundsätzlich ihre Berechtigung haben. Da nicht jeder auf der ganzen Linie triumphieren kann, muss man auf einen Teil seiner Forderungen verzichten und einen Kompromiss akzeptieren. Ein Grundsatz muss unsere Suche nach Frieden leiten: Wir haben nicht das moralische Recht, ein anderes Volk zu beherrschen.

Wir, die wir uns alljährlich bei der Feier des Pessach-Festes daran erinnern, dass wir das Haus der Knechtschaft verlassen haben, um ein freies Volk zu sein, werden uns doch nicht korrumpieren, indem wir ein Haus der Herrschaft errichten! Bei den Verhandlungen, die man sicherlich wieder aufnehmen wird, denn sie sind notwendig, wird es nicht darum gehen, unaufhörlich zu feilschen. Wir werden uns als schöpferisch erweisen und gemeinsam Lösungen finden, bei denen wir die immer stärkere Bedeutung der Wissenschaft für die Zukunft des Menschen nicht vergessen dürfen. Denn jenseits aller Gegensätze und Konflikte ist deutlich zu sehen, dass die Gründe für Zwietracht nach und nach verschwinden und die Erde einer Art Vereinigung zustrebt. Das ist eine Lesart der Globalisierung. Wozu also dann immer noch und immer wieder Krieg?

Wenn im Jahre 1944 jemand gesagt hätte, in wenigen Jahren werde Europa sich völlig verändert haben und die Erbfeindschaft zwischen Frankreich und Deutschland werde verschwunden sein, hätte man ihm nicht geglaubt. Und doch ist es so gekommen. Bewegt und überzeugt haben die Abgeordneten beider Länder im Januar 2003 den vierzigsten Jahrestag der Besiegelung ihrer Aussöhnung durch den deutsch-französischen Vertrag gefeiert.

Als Alterspräsident der Knesset hatte ich kürzlich das ganz besondere Privileg, die Eröffnungsrede dieser ehrwürdigen Institution zu halten, die ihre Sitzungen in Jerusalem abhält, in jener Stadt, die für mich die Pupille des Auges des jüdischen Volkes und die ewige Hauptstadt des Staates Israel ist. Ich bin kein Novize mehr in der Politik, und doch war ich ergriffen, als ich aus Anlass dieser Eröffnungsrede vor die anderen Abgeordneten meines Landes trat. Wie ich ihnen erklärte, erwuchs dieses Gefühl aus der Tatsache, dass ich der Sohn eines Volkes mit einem außergewöhnlichen Schicksal bin, eines Volkes, das Zeuge und Handelnder einer Geschichte war, die sich aus schrecklichen Tiefen, aber auch unglaublichen Höhen zusammensetzt: vom Holocaust auf der einen Seite bis zur Erlösung auf der anderen, Erlösung im jüdischen Sinne des Wortes – Sammlung der exilierten Juden im Land ihrer Vorväter und im weiteren Sinn universeller Friede. Ein Schicksal, das in den Annalen der Menschheit nicht seinesgleichen findet.

Mit meinen achtzig Jahren kann ich ohne Übertreibung sagen, dass ich zahlreiche Ereignisse erlebt habe, die unsere Welt geprägt haben. Ich habe gesehen, wie Weltreiche zusammenbrachen, Völker sich erhoben, Armeen Territorien besetzten und Flüchtlinge strömten. In all den Jahrzehnten habe ich gesehen, wie die Wolken des Krieges sich immer dichter zusammenballten, und bisweilen, wie sich inmitten starker Spannungen die Blüten des Friedens öffneten.

Trotz dieser Vergangenheit gerate ich immer noch in Entzücken über Dinge, die den jüngeren Generationen ganz natürlich und selbstverständlich erscheinen. Die Tatsache zum Beispiel, dass die Knesset gewählt wird und zusammentritt, die Tatsache, dass Israel seine Lungen mit demokratischer Luft füllen kann, war früher nicht selbstverständlich. In der Familie der Nationen ist dies für uns eine Quelle des Stolzes. Wie viele Demokratien gibt es heute in der Welt? Und im Nahen Osten? Die Demokratie ist ein sehr kostbares Gut, und gerade sie, die Entscheidung des Gesetzes und die Gleichberechtigung, sind die Grundlagen der Knesset. Ihre Aufgabe ist es, die Schwachen zu verteidigen, sie muss die Menschen zusammenbringen und die Armut als Feind unserer Gesellschaft begreifen. Die Knesset kann die Diskriminierung von Frauen hinsichtlich ihrer rechtlichen Stellung, ihrer Entlohnung und der ihnen aufgezwungenen Entscheidungen nicht hinnehmen. Sie muss es jedem ermöglichen, für seinen Unterhalt und den seiner Familie aufkommen zu können. Sie muss auf gedeihliche Beziehungen zwischen arabischen und jüdischen Bürgern achten. Kein israelischer Staatsbürger darf, nur weil er Araber ist, diskriminiert werden, sei das in Urteilen über ihn, sei es in rechtlicher Art.

Ja, wohin steuert Israel? Die Aufregung, die die letzten Parlamentswahlen begleitet hat, hat sich wieder gelegt. Verbündet mit der extremen Rechten und der säkularen Schinui-Partei, ist der Likud an der Macht. Die Wähler haben es so gewollt. Jetzt ist es jedoch lebenswichtig, von Debatten zu Entscheidungen überzugehen. Der Aufstand der Palästinenser ist noch immer in vollem Gange und fordert weiter zahlreiche Opfer. Die israelischen Verteidigungskräfte leisten Beachtliches. Tag und Nacht sind sie mobilisiert und befinden sich im Alarmzustand. Wir müssen all jene, die im Lauf der verschiedenen Kriege, die wir führen mussten, gefallen sind, die trauernden Familien, die Versehrten und all jene, die vermisst gemeldet wurden, stets in der Erinnerung bewahren.

Hunderttausende unserer Landsleute sind zur Arbeitslosigkeit verurteilt. Unzählige andere leben an der Schwelle zur Armut und müssen sogar Volksküchen in Anspruch nehmen, um sich zu ernähren. In zahlreichen Bereichen unserer Gesellschaft ist Gewalt eingebrochen. Durch einen den Soziologen wohl bekannten Schneeballeffekt bewirkt ein Übel leider ein weiteres.

Ich glaube nicht, dass es sich dabei um ein göttliches Gesetz, eine Schicksalhaftigkeit handelt. Ich glaube, die Quelle dieser Übel ist der fehlende Frieden. Der Terrorismus untergräbt die Sicherheit, behindert Investitionen, die Entwicklung, den freien Verkehr und den Arbeitsmarkt, mit anderen Worten die gesamte Gesellschaft. Am Ende werden diejenigen, die sich mit dem Terror abfinden oder ihn unterstützen, ebenfalls dessen Opfer.

Natürlich müssen wir gegen den Terror kämpfen. Vor allem aber müssen wir die Situation überwinden, die ihn hervorgebracht hat. Dazu ist es unabdingbar, dass man sich um die Wurzeln des Terrorismus kümmert und nicht nur um seine furchtbaren Äußerungen.

Wir müssen die Hand ausstrecken und uns nicht allein auf die Stärke unserer Waffen verlassen. Wir müssen auf diejenigen palästinensischen Führer bauen, die ein Ende der Intifada fordern, und mit ihnen als den Vertretern der Palästinensischen Autonomiebehörde einen Dialog führen, um in die Zukunft zu schauen. Ohne auf unsere legitimen Forderungen zu verzichten, müssen wir ihnen Hoffnung machen und ihnen einen präzisen Ablauf und einen Zeitplan vorschlagen.

Das Unglück der Palästinenser

Die Anführer der verschiedenen, auch untereinander rivalisierenden Gruppen von Palästinensern wiederum müssen begreifen, dass die Hoffnung auf einen Palästinenserstaat sich nicht konkretisieren wird, solange sich Terrororganisationen nicht der Autonomiebehörde unterordnen. Sie müssen auch begreifen, dass sie eine auf die Bekämpfung des Terrors eingeschworene Welt nicht dazu bringen werden, sie anzuerkennen. Der Terrorismus schadet nicht allein Israel. Er schadet auch den Palästinensern. Eines muss ganz klar sein: Wir haben nicht das geringste Verlangen, ein anderes Volk zu beherrschen. Wir bedauern das Unglück der Palästinenser und den Schmerz, der ihnen zugefügt wird. Wir stehen ihrer Verzweiflung nicht unbeteiligt gegenüber, denn wir sind ein Volk, das weiß, was Leiden bedeutet. Aber ihr Leiden erwächst auch aus der Situation des Terrors, in der wir leben, wie aus den sich verschlechternden Beziehungen. Die Treffen zwischen Mitgliedern unserer Regierung und Vertretern der palästinensischen Behörden werden nur dann zu Ergebnissen führen, wenn man von Reden zu Taten übergeht. Auf palästinensischer Seite durch Maßnahmen gegen den Terrorismus, auf unserer durch Gesten in Richtung eines dauerhaften Abkommens. Auch Worte müssen in die Praxis umgesetzt werden. Von den Palästinensern muss man eine Regierung erwarten, die den Frieden will, und von den Israelis einen Prozess, der in diese Richtung geht.

Die Tatsache, dass die Intifada von Ende 1987 und der neuerliche Aufstand seit September 2000 kaum ein weiterführendes Ziel erreichten und dass sich eine breite, weltweite Koalition gegen den Terrorismus stellt, sollte die Palästinenser zu einer neuen Ära aufbrechen lassen, um eine moderne Wirtschaft zu verwirklichen, die es uns ermöglicht, politisch getrennt zu sein, während wir auf wirtschaftlicher Ebene zusammenarbeiten.

Erinnern wir uns. Das vor kurzem zu Ende gegangene zwanzigste Jahrhundert hat eine Revolution und zwei Weltkriege erlebt. Die Juden haben während der kommunistischen Revolution einen hohen Preis bezahlt – und einen schrecklichen Preis, als Nationalsozialismus und Faschismus an die Macht gekommen sind. Diese drei ideologischen Imperien, denen man noch den japanischen Militarismus hinzufügen kann, sind versunken und haben Tod und Verwüstung hinterlassen. Diese und andere Imperien haben versucht, dem Zionismus ein Ende zu bereiten. Sie hatten entsetzliche Folgen für unser Volk. Aber wir haben überlebt. Statt zusammenzubrechen hat der Zionismus zur Gründung des Staates Israel geführt. Aus dem Holocaust ist ein Staat erstanden und hat auf seine Weise eine Fackel entzündet.

Ein blinder Fanatismus

Auch am Beginn des einundzwanzigsten Jahrhunderts konnte man erleben, wie ein Weltkrieg entsteht, diesmal jedoch ein Krieg, der sich von den zuvor geführten unterscheidet: ein von

Terrororganisationen ausgelöster Krieg und nicht ein Konflikt zwischen Staaten. Der Terrorismus stellt eine Gefahr für die ganze Welt dar. Er hat seine Waffen gegen die Errungenschaften der modernen Zeit gerichtet. Er ist eine Organisation ohne Form oder Gesicht. Er hat keine Flagge, stellt keine uniformierte Armee auf und erkennt keinerlei menschliches Prinzip oder moralische Grenzen an. Seine Botschaft richtet sich nicht an die Welt, sondern ausschließlich an Fanatiker. Und selbst für diese ist es eine Verurteilung zum Tode. Wir erleben nicht mehr einen Krieg zwischen Nationen, sondern einen Krieg der Nationen gegen regelrechte Gangs. Der Terrorismus ist beseelt von obskurer Ideologie und blindem Fanatismus und wird nicht überleben. Wir erleben einen Krieg zwischen der modernen Welt und einer Welt, die den Fortschritt als Übel ansieht, einer Welt, in der die Vorstellung, in eine neue Ära der Wissenschaft und der Technik einzutreten, nur Hass verursacht.

Der Krieg wird nicht enden, solange der Terror nicht aufgehört hat. Und wir werden ihn nicht beenden, solange man in manchen Ländern dieser Geißel gegenüber weiterhin Toleranz und Verständnis bekundet. Eine Situation, in der Flugreisen zu einem gefährlichen Experiment werden, ein Wolkenkratzer eine Zielscheibe und ein Straßenspaziergang eine Provokation darstellen, kann die moderne Welt nicht hinnehmen. In diesem Krieg sind wir als Juden und als israelischer Staat Ziele. Aber ich bin sicher, dass die Gerechtigkeit den Sieg davontragen wird. Die Vergangenheit hat keine Zukunft. Es gibt keine Zukunft für den Tod. Die Amerikaner haben sich heute an die Spitze dieses bedeutenden Kampfes gegen den Terrorismus gestellt.

Die Vereinigten Staaten haben Europa geholfen, die Kriege zu gewinnen, die es führen musste. Sie haben dazu beigetragen, den europäischen Kontinent wiederaufzubauen. Und zwar ohne den Versuch, sich Territorien oder Ressourcen zu sichern oder im Namen des Sieges Vorzugsrechte zu fordern. Jetzt, da Amerika angegriffen wird, hat Europa meiner Ansicht nach die Pflicht, sich ihm gegenüber ebenso zu verhalten und sich an seine Seite zu stellen. Nicht um sich einer moralischen Pflicht oder einer historischen Schuld zu entledigen. Sondern um zu verhindern, dass der Terrorismus, der bereits vor seinen Türen steht, stärker wird. Als Europa beschlossen hat, Milošević loszuwerden, hat es sich nicht an die UNO gewandt, um die Vereinigten Staaten um eine Beteiligung am Kosovo-Angriff zu bitten. War der jugoslawische Diktator, der über keine nicht-konventionellen Waffen verfügte, gefährlicher als der irakische Diktator mit seinem Arsenal? Bin Laden hat den »Kreuzfahrern« den Krieg erklärt. Bekanntlich zählten diese weder Juden noch Amerikaner in ihren Reihen. Aber in Bin Ladens Augen ist jeder, der kein ihm ähnliches terroristisches Verhalten zeigt, ein »Kreuzfahrer«.

Israel seinerseits ist nicht nur mit einer schwierigen Phase seiner Geschichte konfrontiert. Das Land steht einer Herausforderung gegenüber: Es muss die Gegenwart mit der erforderlichen Sorge und die Zukunft mit einem Blick für Perspektiven betrachten.

Die aufgeklärte Welt der Generation vor uns hat sich nach und nach der Tyranneien und Tyrannen entledigt. Und wir werden uns der Morde und der Mörder zu entledigen wissen. Die Welt und vor allem der Nahe Osten werden erleichtert aufatmen, wenn die Terroristen sich nicht mehr in allen Ecken und Winkeln verbergen und keine Bomben mehr explodieren. Dann werden wir in einem Nahen Osten leben, in dem es vor langer, langer Zeit Propheten gab und in dem es dann Gelehrte geben wird.

Im Gegensatz zu einer von vielen geteilten Meinung wird der Sieg über den Terror nicht mit der Niederlage der arabischen oder muslimischen Welt einhergehen. Der Sieg über den Terrorismus wird nur zum Verschwinden eines absolut blinden religiösen Fanatismus führen. Für die künftigen Generationen wird dieser Sieg die Aufforderung sein, ihn durch etwas anderes zu ersetzen. Übrigens ist das die Meinung des jordanischen Außenministers Marwan Muasher, der den gegen Saddam Hussein geführten Krieg als ein »Sprungbrett für die junge Generation zum Erlangen der Macht« bezeichnete. »Diese Generation entspricht dem einundzwanzigsten Jahrhundert.« In demselben Geist haben hundertvierzig saudische Führer öffentlich gefordert, Saudi-Arabien solle sich die Prinzipien »freier Wahlen, der gerechten Verteilung der Vermögen, der Abschaffung der Korruption und der Gleichberechtigung der Frauen« zu Eigen machen.

Wenn der Albtraum des Terrorismus eines Tages endgültig beendet sein wird, werden wir Israelis zu einer aufgeklärten Lebensform zurückkehren können, welche dem jüdischen Volk stets eigen war: eine Lebensform, die die Werte der Moral und der Kultur verwirklicht. Und zwar wir alle, jeder Einzelne, unabhängig von unserer Religion, unserer Nationalität oder unserer rechtlichen Stellung. Die häufig von Ben-Gurion zitierten Worte des Propheten Jesaja: »Ich mache dich zum Licht der Völker« werden dann endlich ihre ganze Bedeutung erlangen.

Als ich zum ersten Mal in die Knesset gewählt wurde, empfand ich das dringliche Bedürfnis, Zuspruch für meine künftige Arbeit im Dienst des Landes zu finden. In der Bibel, vor allem im Buch der Sprichwörter, habe ich die Antworten auf viele Fragen gefunden, die mich damals bedrängten. Sie sind heute noch genauso gültig:

»Er hütet die Pfade des Rechts / und bewacht den Weg
seiner Frommen«
»Anfang der Weisheit ist: Erwirb dir Weisheit / Erwirb die
Einsicht mit deinem ganzen Vermögen«
»Streite nimmer mit einem Menschen grundlos, hat er dir
nicht ein Böses gefertigt«
»Fällt dein Feind, freue dich nimmer, strauchelt er, juble
nimmer dein Herz«

»Rühme dich nicht des morgenden Tages, denn du weißt nicht, was ein Tag gebiert«.

Wenn meine letzte Stunde schlägt, würde ich mir gerne sagen können, dass wir unseren Kindern und den Kindern unserer Kinder eine bessere Welt und ein besseres Land hinterlassen werden als das, was wir geerbt und für sie errichtet haben. Und mir auch sagen können, dass die Weissagung des Propheten Jesaja nicht mehr so weit ist: »Nicht hebt mehr Stamm gegen Stamm das Schwert, nicht lernen sie fürder den Krieg.«

Allerdings muss man zwischen dem Schwert und dem Ölzweig zu unterscheiden wissen.

Was ist Politik?

Die Politik ist keine Berufung. Sie ist auch kein Handwerk, das man zufällig wählt. Es ist schwierig, sie auszuüben, und die Vorstellung, die man sich von ihr macht, ist in jedem Land, zu jeder Zeit und bei jeder Person eine andere. Die Politik deckt ein so großes und kompliziertes Gebiet ab wie das Leben selbst. Im Grunde ermöglicht sie es den Menschen, trotz all ihrer Unterschiede zusammenzuleben. Wenn man die Politik nach ihren Verdiensten beurteilen will, so sollte man ihre Fähigkeit hervorheben, die moralischen Werte zu stärken, ihnen zu dienen und sie umzusetzen. Ihr vornehmstes Ziel besteht darin, der Freiheit zu dienen. Genau wie der Mensch nicht ohne Nahrung leben könnte, könnte seine Seele nicht ohne Freiheit fortbestehen. Metaphorisch würde ich sagen, dass ein Politiker ein Bäcker der Freiheit ist: Er gestaltet sie, wie der Bäcker das Brot unter seinen Händen formt.

Ich weiß nicht recht, wie man Politiker wird. Die Politik ist etwas Ungreifbares, ein wenig wie die Luft. Man muss wissen, wie man sie atmet. Ähnlich wie Luft ist die Politik nichts Starres, und das macht sie schwierig. In der Tat: Wie ein Pendel, das hin und her schwingt, pendelt sie zwischen rivalisierenden Menschen, zwischen unterschiedlichen Meinungen, zwischen gegensätzlichen Interessen.

Strategie und Politik

Ein Graben trennt die Strategie, die Domäne der Militärs, von der Politik, die in die Zuständigkeit der Zivilisten fällt. Das Ziel der Strategie ist der Sieg. Sie zielt darauf ab, durch einen raschen Angriff zu umfassenden und entscheidenden Ergebnissen zu gelangen, und sei dies auf Kosten von Menschenleben. Auch wenn sie sich in vielen Fällen bemüht, den Krieg zu vermeiden, so hat sie, kaum ist dieser erklärt, doch nur noch ein Ziel: den Sieg zu erringen. Alle anderen Lösungen, die es vielleicht geben mochte, fallen dann weg.

In einer Demokratie ist die Armee das einzig legitime Staatsorgan, das handeln darf, wenn die Demokratie in Gefahr ist, obwohl es nicht demokratisch gewählt ist. In Kriegszeiten unterstützt das Volk im Allgemeinen seine Armee, und die Presse beugt sich der Zensur, entweder von sich aus oder gezwungenermaßen. Die Soldaten sind Gegenstand unbestrittenen Respekts, und die gemeinsame Abneigung gegenüber dem Feind stärkt die Moral und das Nationalgefühl. Ist der Sieg errungen, freut sich das Volk ungeachtet des schmerzlichen Preises, den es hat zahlen müssen.

Das Fatale an der Strategie ist, dass ein Sieg nicht notwendigerweise Frieden bringt. Und ohne Frieden hat man keine Sicherheit, dass der Krieg nicht erneut ausbricht, sei es in Form faktischer Angriffe, sei es in Form von Aufwiegelungen, Boykotten oder Drohungen.

Im Unterschied zur Strategie geht die Politik anders mit der Situation um: vor dem Krieg tut sie alles, um ihn zu vermeiden, nach dem Krieg schafft sie wieder Frieden, und zu allen Zeiten vermittelt sie den Bürgern eine Vision von einer einigenden Zukunft, die es ermöglicht, die geteilte Bevölkerung wieder zusammenzubringen.

Die Politik kann sich nicht allein auf militärisches Vorgehen verlassen. Sie muss sich mit parteilichen Interessen beschäftigen und mit vielen Meinungen auseinander setzen. Sie besteht also nicht aus einer einzelnen Operation, sondern ist ein langer Prozess, der ständige Diskussionen erfordert. Ihre Siege sind keine zuverlässigen Erfolge, und ihre Leistungen werden oft als schnell vergänglich empfunden. Die Politik eint das Volk nicht. Meistens ist sie ein Ausdruck seiner Unterschiede. Sie trägt den Mantel der Kompromisse und ist unaufhörlicher Kritik ausgesetzt, da sie starrsinnige Positionen, die keine Bedenken kennen, ablehnt. Der Politiker, der sich für den Weg des Kompromisses entscheidet, wird als Mann der Konzessionen kritisiert. Dabei könnte es eine Politik ohne Kompromiss gar nicht geben. Die Ablehnung der Ideen der anderen und die Vernichtung des Gegners sind Vorgehensweisen, die im Widerspruch zu den politischen Verhandlungen in einer Demokratie stehen.

Das »Oberkommando«

In seinem Buch »Supreme Command«, das 2002 in New York erschien, fragt Eliot A. Cohen: Was ist ein Sieg? Genauer: Muss man das Urteil über einen Frieden im politischen Sinne auch unter militärischem Gesichtspunkt betrachten? Oder, im entgegengesetzten Fall, muss man den militärischen Sieg mit der Elle des politischen Friedens messen?

Natürlich sind Schlachten und mithin militärische Siege Aufgabe der Militärs. Der politische Sieg gehört in das Ressort der Politiker. Nun sind aber Prämissen für Krieg und Frieden, genau wie Schlussfolgerungen darüber, auf der politischen wie der militärischen Ebene sehr unterschiedlich.

Im Allgemeinen schicken Politiker ihre Soldaten in die Schlacht, wenn sie politisch keine andere Wahl mehr haben. Das Militär zieht den Krieg vor, wenn der militärische Vorteil klar und deutlich ist. Der Politiker muss herausfinden, wie weit man gehen kann, was Clausewitz »den Kulminationspunkt des Sieges« nennt, den Punkt, ab dem man zu befürchten hat, dass der Sieg sich in eine Niederlage zu verwandeln droht. Für Eliot A. Cohen gehörte David Ben-Gurion zu den Politikern, die fähig sind, diesen Grenzpunkt zu erkennen und dementsprechend zu handeln. Der Militär dagegen zieht den vollkommenen Sieg vor.

In seinem Buch versucht Eliot A. Cohen, die Beziehungen zwischen der militärischen und der politischen Ebene herauszuarbeiten, indem er den Werdegang von vier großen Staatsmännern verfolgt: Lincoln, Clemenceau, Churchill und Ben-Gurion.

Das erste, was mich überraschte, war, dass diese vier Persönlichkeiten gegenüber ihren jeweiligen »Oberkommandos« auf ganz ähnliche Weise reagierten. Bei allen findet man dieselbe sowohl manifeste als auch latente Spannung zwischen Politikern und Militärs. Von Ben-Gurion wusste ich das. Ich war seine rechte Hand und direkter Zeuge der schwierigen Situationen, mit denen er konfrontiert war. Beispielsweise als er den Befehl gab, das Anlanden der für die Irgun bestimmten Waffenladung zu verhindern, die sich an Bord der »Altalena« befand. Am 21. Juni 1948 warteten die Anhänger der von Menachem Begin geführten revisionistisch-zionistischen militärischen Organisation Irgun Zwa'i Le'umi am Strand von Kfar Witkin in der Nähe von Netanya auf eine Lieferung mit Waffen, die ihnen die »Altalena« bringen sollte, ein illegal gechartertes ehemaliges amerikanisches Kriegsschiff. Angesichts dieses Gewaltstreichs einer Gruppe, die außerhalb der staatlichen Macht agierte, zögerte Ben-Gurion nicht, auf seine Landsleute schießen zu lassen. Nur knapp wurde ein Bürgerkrieg vermieden. Später war ich an seiner Seite, als er beschloss, das Kommando der Palmach, der Elitetruppen der Haganah, zu zerschlagen. Und ich habe aus nächster Nähe die Quasi-Rebellion der Militärs verfolgt, als eine kleine Zahl von ihnen ihren Rücktritt einreichte. Auf meinen Rat hin entschied er, einen Teil der Logistik der israelischen Verteidigungskräfte zivilen Einrichtungen zu übertragen. Dabei handelte es sich konkret um Werkstätten, Krankenhäuser, Bäckereien und Wäschereien der Armee, die Tausende von Offizieren und Soldaten beschäftigten. Und ich war dabei, als er entschied, die Truppenstärke der Berufsarmee zu reduzieren, was zum Rücktritt des Generalstabschefs Jigael Jadin führte. Ich erinnere mich sehr gut an den Streit, den Ben-Gurion 1948 mit dem Generalstab darüber führte, was wichtiger sei: eine Konzentrierung der Kräfte, um die Straße nach Jerusalem zu öffnen, oder eine Umgruppierung der Truppen im Negev, um die ägyptische Armee zurückzudrängen. In diesem Punkt ist eine interessante Übereinstimmung der Meinungen von König Abdallah von Jordanien und Ben-Gurion einerseits und Jigael Jadin und Glubb Pascha, dem britischen Kommandanten der Arabischen Legion, andererseits festzustellen. Sie verhielten sich jeweils gleich. Die politischen Führer beider Seiten entschieden sich für die Eroberung Jerusalems. Die Soldaten hingegen gaben militärischen Erwägungen den Vorzug. Für Glubb Pascha war es zweckmäßig, Beith Shean, eine strategisch wichtige Stadt nahe der jordanischen Grenze, anzugreifen, um Israel in zwei Teile zu spalten. Für Jadin musste die Negevwüste geschützt werden.

Als ich an der Seite von Militärs wie Mordechai Makleff und später Chaim Laskow, den israelischen Generalstabschefs in den fünfziger Jahren, an den Debatten über die Beziehungen zwischen ziviler Macht und Militärführung teilnahm, war ich Zeuge der lebhaften Diskussionen zwischen Ben-Gurion und Moshe Dayan über den Rückzug israelischer Truppen vom Sinai und aus dem Gazastreifen nach dem Sinai-Feldzug von 1956.

Ich habe mit Überraschung festgestellt, dass dieselben Debatten auch zwischen Lincoln und seinen Militärführern stattgefunden hatten, als sie über die Art und Weise diskutierten, wie die Südstaatenarmee zu bekämpfen sei; ebenso zwischen Clemenceau und seinen Generälen über den taktischen Rückzug, der möglicherweise Paris in Gefahr gebracht hätte, und zwischen Churchill und seinem Generalstab über die technischen Neuerungen der Armee und über die Frage, ob eine Offensive eher in Afrika als in Europa eröffnet werden sollte, sowie die Landung in Italien.

Die genannten vier Staatsmänner verfügten über eine beträchtliche persönliche Macht, und keiner von ihnen neigte dazu, die Militärs zu verachten. Und doch waren sie bisweilen bereit, ihre Generalstabschefs zu entlassen. Lincoln verlieh Zivilisten den Offiziersrang, und Ben-Gurion suchte Berufssoldaten, um die Ränge des Kommandos vielseitiger zu gestalten, in denen eine große Zahl unterer Dienstgrade keine systematische militärische Ausbildung erhalten hatte.

Wenn es zu Konflikten kam – und derer gab es einige –, waren sie im Allgemeinen das Ergebnis divergierender Ausgangspunkte. Der Militärführer bekämpft einen militärischen Feind. Ein Staatsmann muss sich mit seinem Volk auseinander setzen und dessen Unterstützung mobilisieren. So wie es Professor Chaim Weizmann einmal humorvoll zu Moshe Sneh, dem Generalstabschef der Haganah, gesagt hat: »Sie sind vom Polk beauftragt (das ›Bataillon‹ auf Jiddisch) und ich vom Folk (das ›Volk‹ auf Jiddisch).«

Unsere vier Persönlichkeiten waren alle begabte Redner, die es verstanden, ihre Zuhörer mitzureißen, eine entscheidende Fähigkeit, wenn die Situation sich verschlechtert. Alle vier hatten Ziele, die über den militärischen Sieg hinausgingen. Lincoln wollte die Nation einen, Clemenceau die Deutschen abwehren, Churchill England retten und Ben-Gurion einen jüdischen Staat gründen. Alle haben sie politische Einsamkeit erduldet. Und alle haben sie einen zweifachen Kampf aufnehmen müssen: Zum einen mussten sie das militärische Kommando auf das politische Ziel konzentrieren, zum anderen der Armee alle Mittel und jede mögliche Unterstützung gewähren, damit sie ihre Aufgabe zu einem guten Ende führen konnte.

Stärker als die Militärs blickten diese Staatsmänner auch auf die langfristigen Entwicklungen. Zum Beispiel brachten sie Investitionen in Wissenschaft und Technik ein größeres Interesse entgegen als die Militärs, auch wenn das Zeit brauchen würde und auf die Initiative einiger weniger »Abenteurer« zurückging. Lincoln war beeindruckt vom Repetiergewehr, der Eisenbahn und dem Telegraphen, Clemenceau von gepanzerten Fahrzeugen, Churchill vom Panzer und dem Radar. Ben-Gurion interessierte sich für Raketen und das Jagdflugzeug.

Das ist nicht verwunderlich. Das Oberkommando der Armee muss den Augenblick bewältigen: Es geht um Munitionsvorräte und die Bedingungen des Militärdienstes. Die Staatsführung hingegen muss über ein entfernteres Ziel nachdenken. Vor allem über Abschreckung. Ben-Gurion erklärte, es reiche nicht aus, die Sicherheit zu erhöhen. Freilich muss man den Preis dafür festlegen. Die vier von Cohen untersuchten großen Männer waren auf der Suche nach den Experten von morgen und gaben sich nicht mit Spezialisten zufrieden, die im Laufe ihrer Karriere Erfahrung erworben hatten. Alle vier wussten zwischen Armee und Sicherheit zu unterscheiden, wobei die Sicherheit sehr viel weitergehende und vielgestaltigere Erwägungen in Anspruch nimmt und zum Beispiel die Psychologie der Nation, die wirtschaftliche Situation, die Außenbeziehungen und die unmittelbaren Folgen eines möglichen Krieges berücksichtigt. Nicht ohne Grund schrieben Lincolns beide Sekretäre John Nicolay und John Hay: »Militärische Autoren setzen sich gerne ausschließlich nach den Regeln professioneller Schachspieler mit den Feldzügen der Geschichte auseinander, das politische Element vernachlässigen sie dabei stets, wenn sie es nicht sogar vollständig ignorieren. Dies ist ein grundlegender Fehler. Jeder

Krieg beginnt mit politischen Erwägungen, wird von ihnen beherrscht und endet durch sie. Ohne eine Nation, ohne eine Regierung, ohne Geld oder Kredit, ohne die Begeisterung im Volk, welches die Freiwilligen bereitstellt, oder die Unterstützung der Bevölkerung, die die Mobilisierung auf sich nimmt, könnte es weder eine Armee noch einen Krieg, weder einen Beginn noch ein Ende methodischer Kampfhandlungen geben.« General Foch schrieb an Clemenceau: »Die einzigen Militärberater, die in der Lage sind, über die Bedingungen eines Waffenstillstandes zu verhandeln, sind die Oberkommandierenden der Armee.« Ein Brief, der zu folgender Bemerkung von Clemenceaus Sekretär Mordacq führte: »Es scheint, als sei Foch in seiner Eigenschaft als Oberkommandierender der Alliierten Streitkräfte nicht bereit, zwischen einer Meinungsäußerung und dem Rat eines Experten und der übertriebenen Kontrolle in Fragen zu unterscheiden, die letzten Endes politische Fragen sind.«

Die Tatsache, dass die französische Nationalversammlung der Armee, der Regierung und den beiden einzigen ausdrücklich genannten Personen, nämlich dem »Bürger Georges Clemenceau« und dem »Marschall Foch«, eine »heilige und ewige Ehre« erwies, kommentiert der Autor zu Recht mit dem Satz: »Am Ende eines Krieges kann ein triumphierender Soldat erheblich populärer sein als sein politischer Herr, was Foch genau wusste.«

Ein Soldat muss wissen, wie er den Feind besiegt. Der Zivilist muss wissen, wie er innere Schwierigkeiten überwindet, indem er wachsenden Widerstand meistert.

In seinem Buch über den ersten Herzog von Marlborough schreibt Winston Churchill über Lord Halifax die unvergesslichen Sätze: »[Lord Halifax] wurde durch eine Liebe zur Mäßigung und einen Sinn fürs Praktische charakterisiert. Er konnte mit derselben Kraft für einen Kompromiss kämpfen wie die meisten Befehlshaber für einen Sieg.«

Es erfolgt dieselbe Wahl: eher auf dem Kompromiss beharren, der ein politischer Begriff ist, als auf dem Sieg, der zum Militärischen gehört. Churchill fügt hinzu: »Zu Frieden und Beschaulichkeit neigende Geister unterscheiden sich grundlegend von denen, die im Schmelztiegel der Führung in Kriegszeiten aufgegangen sind.«

Daher die Notwendigkeit zweier Ebenen. Und es bedarf der Unterordnung der einen unter die andere, damit der Sieg wirklich dem Frieden Platz macht. Er ist der Ansicht, es sei »besser, die Qualitäten des Staatsmannes oder des Soldaten nach Zahl und Bedeutung der Situationen zu beurteilen, die er richtig einschätzt, als nach seinen Fehlentscheidungen.«

Das bedeutet nicht, dass man die Meinung der Militärführer verachten sollte. Lord Ismay, Sekretär des britischen Generalstabschefs, sagt in seinen Erinnerungen: »… nicht ein einziges Mal während des gesamten Krieges hat [Churchill] die Entscheidung seiner Militärberater bei rein militärischen Fragen rückgängig gemacht.«

Natürlich muss man diese »rein militärischen Fragen« unterstreichen. Das schließt Fragen aus, die beides, militärisch und politisch, zugleich sind.

Jedoch muss man »seiner Fähigkeit auszuloten sowie der Fähigkeit, eine weitergehende Perspektive zu entwickeln und unter feindlichen Umständen für sie zu kämpfen, eine dritte wesentliche Fähigkeit hinzufügen, die ihm selbst seine schärfsten Kritiker zugestanden. Es handelte sich natürlich um die Beherrschung der politischen Rhetorik, die Fähigkeit, die englische Sprache zu mobilisieren und sie aufs Schlachtfeld zu schicken.«

»Der gefährlichste Feind für die Sicherheit«, schrieb Ben-Gurion, »ist die geistige Trägheit derjenigen, die für die Sicherheit verantwortlich sind.«

Die Dynamik des Kriegs und des Friedens entwickelt sich

nicht auf zwei unterschiedlichen Ebenen – der politischen und der militärischen –, sondern durch ihre Begegnung und Verbindung. Auf den ersten Blick könnte man die Arbeit teilen: Die Staatsmänner würden mit den politischen Schritten betraut, die Kriegsführer mit der Verantwortung für militärische Manöver. Jedoch stellt sich ein Problem: Ein politischer Fehler kann möglicherweise eine militärische Niederlage herbeiführen. Genau wie eine militärische Niederlage zu einer politischen führen kann. Die Trennung der Ebenen ist praktisch unmöglich. Der entscheidende Punkt findet sich in dem unbestimmten Zwischenbereich, der die Politik von der Strategie trennt. Und die Politik muss diese Strategie bestimmen.

In diesem Zwischenbereich gibt es weder wirkliche Barrieren noch klare Definitionen. Wie zwei Arme sind sie miteinander verschränkt. Folglich erfordert der Krieg nicht nur innerhalb der Armee eine Hierarchie, sondern auch die Einbindung der Armee als Ganzes in eine Hierarchie. Da das wahre Ziel des Krieges darin besteht, eine Situation zu schaffen, in der er verschwindet, und damit den Frieden durchzusetzen, besteht nicht der geringste Zweifel daran, dass die Armee sich der politischen Macht unterordnen muss. In den vergangenen Jahrhunderten lieferten sich von Völkern gesandte Armeen Kriege. Am Beginn des einundzwanzigsten Jahrhunderts liegen die Dinge anders. Es geht nicht mehr um nationale Kriege, sondern um globale Gefahren. Geographische Nähe und nationale Grenzen haben nicht mehr dieselbe Bedeutung für die moderne Strategie. Dafür hat die Reichweite von Waffen große Bedeutung. Der Terrorismus ist eine weltweite Gefahr. Das Zusammenwirken von moderner Ballistik, Massenvernichtungswaffen und weltweitem Terrorismus schafft eine nie da gewesene Herausforderung für die aktuelle Strategie. Vor allem, wenn man es mit Diktaturen zu tun hat.

Da die Terroristen nicht gewinnen können, muss man bezweifeln, dass sie ihre Methoden aufgeben. Das einzige Mittel, den Terrorismus einzudämmen oder ihm den Garaus zu machen, besteht auch hier darin, die militärischen Mittel mit diplomatischen Anstrengungen zu vereinen. Im Krieg zwischen zwei Völkern muss man der angreifenden Armee das Genick brechen, um den zu besiegen, der sie geschickt hat. Im Kampf gegen den Terrorismus muss man gegen die Unterstützung der Terroristen durch Völker vorgehen, die sie mit Waffen und Geld ausstatten und ihnen Unterschlupf gewähren; nur so kann man den Sumpf austrocknen, in dem der Terrorismus entsteht und sich entwickelt. Man muss sich die Frage stellen, ob man den Extremismus, auch den religiösen, liquidieren kann. Und dies ist ein Problem politischer Art.

Die vorrangige Aufgabe besteht darin, Blutbäder zu verhüten, und dazu muss man wissen, wie man den militärischen Feinden und dem Hass der Terroristen begegnen kann, muss man die Positionen der Staatsmänner und der Militärs herausfinden, den Charakter der betreffenden Personen studieren und die bisweilen überraschenden Spielregeln verstehen. Das sind diffizile Aufgaben. Schlüsse müssen hier vom Endergebnis her gezogen werden. Die Tragödie besteht nämlich darin, dass der Krieg bisweilen unvermeidlich ist und das Aufkommen des Terrorismus das Entstehen einer Welt, wie ich sie mir wünsche und in der die Wirtschaft nach und nach die Strategie ersetzen würde, gebremst hat.

Die Kunst des Kompromisses

Am Verhandlungstisch kommt man schwerer zu Ergebnissen als auf einem Schlachtfeld. Die Doktrin des Schlachtfeldes lässt sich in wenige Worte fassen: »Ihr werdet besiegt, und ich werde leben können.« Die der Verhandlung besagt: »Ich werde leben und alle anderen auch.« Ein allzu großer Sieg treibt den Gegner leicht zu Verzweiflungstaten. Das darf man bei Verhandlungen nicht vergessen, in denen alles eine Frage des Kompromisses und der Konzessionen ist. Und das mögen die Leute nicht. Sie ziehen den Sieg dem Kompromiss vor. Auf diese Weise gerät die Politik zwischen Baum und Borke, zwischen die Notwendigkeit, einen Kompromiss zu schließen, und die Feindseligkeit, auf die eben dieser Kompromiss in der öffentlichen Meinung stößt.

Aus dem Kompromiss bezieht die Politik ihren schlechten Ruf, da er als Schwäche, wenn nicht gar Nachgiebigkeit erscheint, dabei ist er doch im Gegenteil Unterpfand für das Überleben, da die Politik das Ziel hat, den Krieg zu vermeiden oder einen Konflikt zu beenden.

Es gibt keinen einseitigen Frieden. Ein Frieden kann nur beidseitig sein. Es gibt keinen aufgezwungenen Frieden, nur einen einvernehmlichen Frieden. Es gibt keine sichere Mauer. Nur einvernehmliche Grenzen sind sicher. Denn das Einseitige, das Aufgezwungene und das Einzäunen sind die verschleierten Folgen des Krieges. Es ist eine Tatsache: Für Dialog und Kompromiss gibt es keinen Ersatz.

Gleichwohl: Ist der Kompromiss auch unentbehrlich, wenn es um das Leben der Menschen geht, so ist er nicht annehmbar, wenn grundlegende Werte auf dem Spiel stehen. Sonst läuft er Gefahr, die Grundfesten des Lebens zu untergraben. Wenn man Kompromisse anstrebt, muss man verhandeln. So beschränkt sich die Politik nicht allein darauf, eine Brücke über die Feindschaft zu schlagen. Sie hat auch die Verantwortung dafür, eine mit moralischen Werten ausgestattete Gesellschaft zu formen. Diese Werte sind wesentliche Aufgaben. Keine Dogmen, eher ein geistiger Anspruch.

Im Unterschied zum Krieg ist die Politik nie zu Ende. Sie ist eine unaufhörliche Entwicklung, nicht ein unumkehrbarer Vorgang. Sie ist eine ständige Kräftemobilisierung – nicht in der Absicht, mehr Macht zu erlangen, sondern um ein vornehmes Ziel zu erreichen.

Dieses Handwerk auszuüben war bei mir kein lange gereiftes Vorhaben. Und doch waren zwei Faktoren für meine Entscheidung ausschlaggebend. Zum einen die Erfordernisse der Zeit. Kurz nach der schrecklichen Tragödie der Shoah und am Vorabend der Unabhängigkeit Israels teilte ich mit allen, Jungen wie Alten, ein Gefühl der Begeisterung. Wir standen an einem entscheidenden Punkt unserer Geschichte, in dem alles eine andere Wendung hätte nehmen können, bis zur Gründung eines jüdischen Staates, der dann von den deutlich überlegenen arabischen Nachbarstaaten angegriffen wurde. Und zum anderen meine persönlichen Überzeugungen, das, was ich gegenüber Gott, dem Menschen und der Zeit als ethisch und aufrichtig ansah.

Das Sein und das Tun

In der Politik habe ich über das Sein und das Tun nachgedacht. Wer sich für das Sein entscheidet, muss der öffentlichen Meinung schmeicheln, ihre Unterstützung suchen, den Umständen entsprechende Bündnisse eingehen. Wer sich für das Tun entscheidet, findet sich hingegen in endlose Auseinandersetzungen verstrickt. Denn Tun bedeutet verändern, und verändern bedeutet stören. Tun bedeutet häufig, eine Sache schaffen, für die es kein Vorbild gibt. Man ist dann Zielscheibe für Ungläubigkeit und Skepsis.

Ich erinnere mich dabei an eine lebhafte Diskussion zwischen Ben-Gurion und einem seiner engen Mitarbeiter über die Neuverteilung der Aufgaben, die sie einführen wollten. Der Führer der Arbeitspartei sagte den Satz: »Kümmere du dich um die vorhandenen Dinge. Ich werde mich um die kümmern, die nicht vorhanden sind.«

Das Interessanteste in der Politik ist das Erforschen des Neuen, nicht das Verharren in alten Konzepten. Mit dieser Einstellung habe ich es mir über alle Lebensstationen hinweg zur Aufgabe gemacht, im Auge des Taifuns zu bleiben. Die Ansichten über mich reichten von Kritik – meine Positionen wurden von vielen als zu optimistisch, zu kühn und in der Praxis als nicht durchführbar angesehen – bis zu Respekt, als die Ergebnisse meiner Bemühungen offensichtlich wurden. Ich habe ein paar Wahlen verloren. Aber ich habe auch den ersten Grundstein für eine ganze Reihe von Vorhaben gelegt.

Die Politiker und die Medien

Ich bedaure nichts. Ich habe gelernt, dass die Politik an drei Fronten wirkt: Sie muss das Getriebe der Gesellschaft ordnen, damit sich die Menschen nicht gegenseitig verletzen; sie muss den Boden bereiten für eine Zukunft, von der die noch ungeborenen Wähler profitieren werden; sie muss die öffentliche Meinung davon überzeugen, dass der Weg, den man verfolgt, der richtige ist und die eigene Vision ihren Sinn hat, auch wenn man sich zu taktischen Rückzügen gezwungen sieht.

Ungeachtet der Kritik, der er ausgesetzt sein mag, muss ein Politiker davon überzeugt bleiben, dass er der Öffentlichkeit dient, der Zukunft dient, einem Ideal dient, dem Leben des Menschen und seiner Würde dient.

Die Beziehungen zwischen Politikern und Medien zeichnen sich durch ihre Verquickung aus. Naturgemäß ist es Aufgabe der Presse, das Tun der Regierung genau unter die Lupe zu nehmen und über Aufsehen erregende Ereignisse zu berichten. Die Presse greift die Politik an, ohne selbst Kritik unterworfen zu sein. Nur selten kritisiert eine Zeitung eine andere. Die Medien haben gerne das letzte Wort. Die Kämpfer in der politischen

Arena müssen sich also um sie kümmern, sie informieren und sich ihrer Unterstützung vergewissern, wenn sie die Verwirklichung ihrer Ziele voranbringen wollen. In einer solchen Auseinandersetzung führen beide Seiten einen subtilen Kampf. Der Politiker, der bemüht ist, die öffentliche Meinung von der Richtigkeit seiner Ansichten zu überzeugen, und sich mit heftigem Widerstand konfrontiert sieht, weil seine Position keine unmittelbare Zustimmung erfährt, kann in Versuchung geraten, seine Beliebtheit durch populäre oder gar populistische Entscheidungen zu steigern. Dies ist ein häufig begangener Fehler, der das allgemeine Bild vom Politiker in der Öffentlichkeit beschädigt.

Auf der anderen Seite neigt die Presse dazu, wilde Angriffe gegen Politiker und ihre Politik zu führen, ohne danach auch nur zu bedenken, ob die Kritik, die sie sich in der Vergangenheit erlaubt hat, begründet war oder nicht.

Die Presse muss täglich Zeitungen verkaufen. Der Politiker hingegen muss die Zeitung der Zukunft schreiben. Alle beide kämpfen um die Gunst derselben Öffentlichkeit: die Presse mittels Informationen, der Politiker auf dem Umweg über ein noch nicht verwirklichtes Vorhaben. Es ist ein schwieriger Kampf, der aber letzten Endes notwendig ist.

Die Politik darf in keinem Fall Verzweiflung nähren. Sie muss sich ihr entgegenstellen. Sie muss die Fähigkeit haben, dem Leben einen Sinn und den Jungen Hoffnung zu geben. Deshalb mag ich das englische Sprichwort, das sagt: »Wer gewinnt, gibt den Kampf nicht auf. Wer den Kampf aufgibt, gewinnt nicht.«

Aber selbst das Wesen des Kampfes hat sich geändert. Wir wechseln nun vom Kampf auf der Erde in den anregenden Bereich der Wissenschaft über.

Ich erinnere mich

Soweit ich mich erinnern kann, habe ich meine erste Erfahrung als Politiker beim Zionistenkongress in Basel im Dezember 1946 gemacht. Dieser Kongress – es war der 22. seiner Art – wurde von großen Grundsatzdebatten unter den künftigen Führern des zu gründenden Judenstaates, darunter Ben-Gurion, geprägt. Thema aller Debatten war eine äußerst wichtige Entscheidung: Sollte man es hinnehmen, dass der künftige Staat Israel um den Preis territorialer Konzessionen gegründet würde, der de facto zur Teilung des damaligen Palästina in zwei Staaten führen würde? Oder läge die Lösung in einem das ganze biblische Land umfassenden »Groß-Israel«?

Als gewählte Delegierte vertraten Moshe Dayan und ich die jungen Kader der Arbeitspartei. David Ben-Gurion traf eine äußerst mutige Entscheidung von großem Weitblick, die ich voll und ganz unterstützte, als er erklärte, er ziehe es vor, einen Judenstaat auf einem Teil des historischen Territoriums des jüdischen Volkes zu errichten, als dass er mit ansehen würde, wie Juden überall auf dieser Erde leben, ohne über politische Unabhängigkeit zu verfügen. Die Versammlung nahm eine dramatische Wendung. Als Ben-Gurion, dessen Hauptgegner damals Chaim Weizmann war, heftig kritisiert wurde, beschloss er, den Kongress zu verlassen. Zu diesem Zeitpunkt befand ich mich mit einem Kibbuz-Freund, Arie Bahir, einem der Gründer des Kibbuz Afikim im Norden des Landes und Vertrauten von Ben-Gurion, in einem benachbarten Tagungsraum. Da tauchte plötzlich sichtlich aufgebracht Frau Ben-Gurion, Paulina Monbaz, auf und fährt uns barsch an: »Nun, Genossen, man könnte meinen, alles wäre gut?« Dann fährt sie fort: »Mein Mann hat den Kopf verloren und beschlossen, den Kongress zu verlassen. Kommt, wir müssen etwas tun!« Mit Bahir beschlossen wir, zu Ben-Gurion zu gehen, um mehr zu erfahren. Im berühmten Hotel »Drei Könige«, in dem im August 1897 der erste Zionistenkongress mit Theodor Herzl stattgefunden hatte, wohnte nun Ben-Gurion. Wir klopften mehrfach an die Tür des Führers der Arbeitspartei. Keine Antwort. Da die Tür offen stand, beschlossen wir einzutreten.

Die Koffer von Ben-Gurion

Ben-Gurion stand vor dem Bett und wandte uns den Rücken zu. Er packte gerade seine Koffer. Etwas verlegen riefen wir ihm ein »Schalom Ben-Gurion« zu. Totenstille. Nach einer Weile drehte er sich dann doch zu uns um und richtete sich auf: »Nun, Chawerim, Genossen, seid ihr auf meiner Seite oder nicht? Seid ihr bereit, mit mir zu marschieren?« Bahir sah mich verblüfft und verwirrt an. Ich erwiderte: »Mit dir marschieren, David – aber in welche Richtung?« Ben-Gurion erklärte uns, was wir bereits wussten, dass er die Tür zugeschlagen habe. »Die Mehrheit der Kongressteilnehmer lässt sich von der Leidenschaft mitreißen. Sie verstehen nicht, dass wir dabei sind, über die Zukunft des jüdischen Volkes und die angemessene historische Vision zu entscheiden, und sie verharren ohne Sinn für die Zukunft. Nein, ich verlasse diesen Kongress, gründe eine neue Bewegung und fange wieder bei Null an. Also, seid ihr auf meiner Seite? Entscheidet euch!« Ben-Gurion sah mir gerade in die Augen. Ich war der Jüngste der drei, aber ich bewahrte ruhig Blut: »Ja, wir sind bereit, dir zu folgen. Aber trotzdem muss man eine Mehrheit für die Positionen zu finden versuchen, die du in unserer Partei vertrittst.«

Ben-Gurion glaubte nicht daran: »Keine Chance, keine Chance.« Da wir hartnäckig blieben, willigte er schließlich ein. Wir kehrten zum Kongress und zu den Vertretern unserer Partei zurück. Die internen Debatten wurden an diesem Tag von Golda Meir, der 1898 in Kiew geborenen späteren Ministerpräsidentin Israels, geleitet. Auch der erbittertste Gegner von Ben-Gurion, Elieser Kaplan, Schatzmeister der Jewish Agency, war anwesend. Die ganze Nacht ging die Diskussion leidenschaftlich, manchmal fast brutal weiter. Es wurde geschrien. Ben-Gurion wandte sich an seinen Verleumder und nannte ihn »den Ingenieur Kaplan«, während letzterer es sich nicht verkniff, »den Anwalt Ben-Gurion« zu geißeln. Am Ende schritt man zur Abstimmung. Und wir gewannen. Sicher, mit einer knappen Mehrheit, aber die Vorstellung, dass die Juden einen Judenstaat nur auf einem Teil des Landes ihrer Vorväter errichten würden und nicht auf dem ganzen, hatte sich durchgesetzt.

In Richtung Unabhängigkeit

Im Mai 1947, als ich wieder in meinem Kibbuz war, schickte Ben-Gurion Levi Eschkol – ebenfalls ein späterer Ministerpräsident des Landes – als Botschafter zu uns, um uns mitzuteilen, dass der Krieg zwischen Juden und Arabern unmittelbar bevorstand. Von da an wurden alle Energien darauf verwendet, Verteidigungskräfte aufzubauen, die uns den Sieg ermöglichen würden. Auf diese Weise wurde ich Soldat in der Haganah. Ich begab mich zum Generalstab in Tel Aviv im »Roten Haus«, einem Gebäude, das zur Histadrut gehörte, der großen Gewerkschaftszentrale.

Es war ein Jahr vor der Unabhängigkeitserklärung. In einer chaotischen Atmosphäre wurde ich mit einer großen Anzahl von Missionen beauftragt und übernahm die Verantwortung für mehrere Aufgaben.

Nach und nach freundete ich mich mit Ben-Gurion an und mit Levi Eschkol, mit dem ich sehr vertraut wurde. Und obwohl ich beim künftigen israelischen Ministerpräsidenten war, als er die Unabhängigkeitserklärung abfasste, war ich nicht in dem Saal, in dem er sie dann feierlich verlas, weil ich im »Roten Haus« steckte und vollauf mit den dringenden technischen Problemen beschäftigt war, die die Vorbereitung auf den allen unvermeidlich erscheinenden Krieg mit sich brachte. So kam es, dass ich beglückt und ergriffen aus dem Radio hörte, wie Ben-Gurion von unserer nach so vielen Jahrhunderten des Umherirrens wieder gefundenen Unabhängigkeit sprach. Diese Erklärung war ein Muster an Ausgewogenheit. In diesen unruhigen Zeiten war es nicht leicht, von der Zukunft zu sprechen, Grenzen zu ziehen, religiöse Fragen anzusprechen. Die Rabbiner hatten ohne weitere Umschweife eine klare Erwähnung Gottes gewünscht. Ben-Gurion gelang es, einen geschickten Ausdruck zu finden: »Tsur Israel«, der »Fels Israels«, der alle zufrieden stellte, Orthodoxe wie Laizisten. Für Ben-Gurion war klar, dass dieser neue Staat sowohl der Staat seiner jüdischen Einwohner sein würde und allen Juden auf der ganzen Welt, die dorthin zu ziehen wünschten, offen stünde, als auch – und zwar auf völlig gleichberechtigte Weise – der Staat seiner nichtjüdischen Einwohner.

Wir waren wenig Männer und hatten fast keine Waffen. Soldaten konnten wir mobilisieren. Bei Waffen und Munition war die Lage dramatisch und schien angesichts unserer knappen Vorräte und vor allem des allgemeinen Embargos, das über Israel verhängt war, unlösbar. Wir mussten das Embargo umgehen, mussten es brechen. Diese Aufgabe fiel mir zu. Später vertraute mir Ben-Gurion die Verantwortung für die Kriegsmarine an.

Zu dieser Zeit war das Hauptproblem die Rüstung. Wir waren völlig mittellos, und selbst die Amerikaner weigerten sich, uns einfache Pistolen oder Gewehre zu liefern. Nur widerwillig verkaufte uns schließlich die Tschechoslowakei – durch Vermittlung unserer Gruppe – Waffen. Wir kauften in der Tschechoslowakei hergestellte deutsche Messerschmitt-Flugzeuge. Doch bald stellte sich heraus, dass sie Mängel bei der Synchronisierung der Propeller mit den auf die Maschinen montierten Maschinengewehren aufwiesen. Sobald der Schütze sein Maschinengewehr benutzte, beschädigte er die Propeller. Die Schwierigkeiten hörten nicht auf.

Nach einem mehr als anderthalb Jahre dauernden Kampf endete der Unabhängigkeitskrieg mit unserem Sieg über sieben reguläre arabische Armeen. Es wurde Waffenstillstand vereinbart; wir schlossen keinen Frieden. Der Preis für das israelische Volk in seiner Geburtsstunde war hoch: 6000 Tote, das bedeutete ein Prozent der Bevölkerung.

Eine neue Ära begann für den Staat Israel. Der Krieg war zu Ende, nicht aber die Bedrohung.

Trotz der faszinierenden Aspekte der mir anvertrauten Aufgaben wurde mir bewusst, dass meine persönliche Ausbildung unzureichend war. Nach einigem Nachdenken beschloss ich, mich besser auf die Zukunft vorzubereiten, und ging zu Ben-Gurion: »Du musst mich verstehen. Ich erfülle Aufgaben, von denen ich weiß, dass sie sehr nützlich für unser Land sind. Aber inzwischen ist der Staat gut auf den Weg gebracht, Israel schreitet seiner Zukunft entgegen, und mir wird bewusst, dass ich mit fast dreißig weder Französisch noch Englisch spreche. Als Angehöriger eines Kibbuz habe ich viel gearbeitet, aber dabei meine Ausbildung vernachlässigt. Ich würde gern nach Amerika gehen.« Ben-Gurion antwortete mir: »Du sollst arbeiten und studieren.« So wurde ich zum Leiter der Delegation des Verteidigungsministeriums in den Vereinigten Staaten ernannt und setzte meine Ausbildung an der New School for Social Research in New York fort. Dort habe ich – man kann das sagen – begonnen, mich in der Luftfahrttechnik auszubilden. Ich habe es bereits erklärt: Die tschechischen Flugzeuge, die wir während des Unabhängigkeitskrieges gekauft hatten, bereiteten uns enorme technische Probleme. Aus diesem Grund beschlossen wir, überschüssige Flugzeuge der amerikanischen Armee zu kaufen. Aus unvollständigen Maschinen und allen möglichen Teilen bauten wir in einem kleinen Hangar in Kalifornien wieder komplette Flugzeuge. Dann blieb nur noch das Problem des Transports. Je nach Art der Maschine boten sich uns zwei Wege. Die zweimotorigen »Mosquitos«, die wir gekauft und wieder in Ordnung gebracht hatten, sollten von Kalifornien aus in den Norden des Landes und dann heimlich Richtung Israel fliegen. Die Großraumflugzeuge wiederum erreichten Israel versteckt in zivilen Frachtschiffen.

Abenteuer in Goose Bay

Der Transport der kleinen Flugzeuge war mit Risiken verbunden, und ich erinnere mich noch heute bewegt daran, dass sich einer unserer besten Piloten, Ray Kurtz, ein amerikanischer Jude und Freiwilliger, mit seiner »Mosquito« irgendwo im Norden Kanadas in Goose Bay, Neufundland, verflogen hatte. Wir beschlossen, eine kanadische Suchgruppe zusammenzustellen, um ihn zurückzuholen. Ich bat unseren Transportminister, mir eine El Al-Maschine zur Verfügung zu stellen. Zu jener ruhmreichen Zeit verfügte unsere nationale Fluggesellschaft alles in allem über … zwei Flugzeuge! »Mein lieber Shimon«, sagte mir der Generaldirektor der Gesellschaft, »glauben Sie ernsthaft, ich könnte Ihnen die Hälfte der zivilen Luftflotte Israels zur Verfügung stellen, um eine im Schnee verirrte ›Mosquito‹ wiederzufinden?« Ich sorgte dafür, dass Ben-Gurion kontaktiert wurde, der den Transportminister anrief, der Al Schwimmer, den Leiter der Suchgruppe, die wir zusammengestellt hatten, bezichtigte, ein verantwortungsloser Draufgänger zu sein. Es komme nicht in Frage, ihm ein Flugzeug der El Al anzuvertrauen. Um dem Rettungsvorhaben eine Chance zu geben, wurde ich zum Leiter der Suchgruppe bestimmt. Ich verließ also New York und begab mich mit Al Schwimmer und ein paar anderen nach Goose Bay. Sieben Tage und Nächte forschten wir bei Kälte und Schnee nach dem verirrten Piloten und seiner »Mosquito«. Eine volle Woche bei beißendem Wind und dichtem Schneetreiben, das uns die Sicht nahm. Es war völlig verrückt und leichtsinnig. Wir fanden unseren Piloten nie wieder. Aber da, inmitten dieses höllischen Unwetters, begriffen wir, dass wir den Stier bei den Hörnern packen und uns – selbst ist der Mann – ohne zu zögern an den Aufbau einer unabhängigen israelischen Luftfahrtindustrie machen mussten.

Entgegen allen Erwartungen waren weder der israelische Transportminister noch der Industrieminister bereit, die Anfänge dieses Vorhabens zu leiten, das doch unerlässlich war. Was tun? Ben-Gurion handelte entschieden. Als wir eine Sitzung zu diesem Thema verließen, sah er mir gerade in die Augen und sagte schlicht: »Du.« Ein Wort, ein einziges Wort – und ich war Initiator und Verantwortlicher für die aufzubauende israelische Luftfahrtindustrie geworden.

In dieser Zeit habe ich begonnen, mich für Frankreich zu interessieren. Ich stürzte mich ins Unbekannte, da ich weder die Geschichte dieses Landes kannte noch dessen Sprache sprach. Ich hatte keinerlei Verbindungen dorthin und war noch keiner Person des öffentlichen Lebens Frankreichs begegnet. Aber ich hielt vor Ben-Gurion und seinem einigermaßen besorgten Mitarbeiterstab die folgende Rede: »Drei oder vier Quellen scheinen mir möglich, um uns mit Waffen zu versorgen: die Vereinigten

Staaten, die ein Embargo angeordnet haben, oder England, ebenfalls mit einem Embargo; die Russen, die sich für die andere Seite entschieden haben und die Araber mit Waffen versorgen; und schließlich Frankreich, das mit den Amerikanern und Briten das Dreierabkommen über das Waffenembargo unterzeichnet hat.« Ich fügte hinzu, dass Frankreich dennoch einen Sonderfall darstellte. In der Tat hatte das englische Foreign Office zu allen Zeiten für eine pro-arabische Politik optiert, und die Amerikaner waren vorsichtig und wollten sich nicht in den Konflikt einmischen. Frankreich war nicht, wie heute, zwischen der Linken und der Rechten gespalten, die Leute, die sich auf die Résistance beriefen, übten jedoch einen starken Einfluss aus. Und alle, die aus dem Widerstand hervorgegangen waren, wussten, was Rassismus und Antisemitismus und all das, was die Juden Europas durch Hitler erduldet hatten, bedeutete. Mit jenen, so erklärte ich, haben wir eine Chance. Ich war praktisch der einzige israelische Politiker, der eine solche Meinung äußerte. Von Golda Meir über Moshe Scharett bis zu Ben-Gurion persönlich war die israelische Regierung durch Herkunft und Ausbildung der meisten ihrer Mitglieder in den Anfangsjahren stark angelsächsisch geprägt. Trotzdem wurde meine Sichtweise akzeptiert. Auf diese Weise habe ich begonnen, in Frankreich zu arbeiten. Ich habe mich sehr regelmäßig dorthin begeben, ein bis zwei Mal pro Woche. Und trotz meiner Unkenntnis habe ich mir ein ganzes Netz von Freunden aufgebaut. Unter den Intellektuellen stieß ich auf begeisterte Aufnahme. Zum Beispiel bei André Malraux, der mir erklärte, dass er, wäre er jünger gewesen, sofort in die israelische Armee eingetreten wäre. Ich traf mit Guy Mollet, Maurice Bourgès Maunoury und General Pierre Koenig zusammen. Anfang 1956 traf ich erstmals General de Gaulle. Zur hebräischen Ausgabe seiner Memoiren schrieb ich später das Vorwort. Als David Ben-Gurion im Juni 1956 Frankreich einen offiziellen Besuch abstattete, sprach de Gaulle zur Begrüßung die berühmten Worte:

»Israel, unser Freund, unser Verbündeter«. Im Laufe der folgenden zwei oder drei Jahre hatte meine Mission einen solchen Erfolg, dass Golda Meir sich gekränkt fühlte und mir vorwarf, ich würde mir widerrechtlich ihr Aufgabengebiet, die Diplomatie, aneignen. In Rüstungsangelegenheiten wurde eine direkte Verbindung zwischen französischen und israelischen Führungskräften aufgebaut. Ich glaube, dass diese Brücke, die auf unsere Anregung hin zwischen Frankreich und uns errichtet wurde, ein großer Erfolg für die Außenpolitik war. Frankreich lieferte uns die verschiedensten Waffen, von den komplexesten Geschützen über AMX 30 Panzer, einem seit 1960 in Frankreich in großem Stil produzierten Modell, bis hin zu Flugzeugen. Dimède Catroux, der damalige französische Luftfahrtminister, hatte trotz einiger Kritik entschieden, uns sehr hohe, man kann sagen außergewöhnliche Kredite einzuräumen – und zwar nur auf den Namen Ben-Gurion hin, der wie ein wahres »Sesam, öffne dich!« wirkte. Als ich gerade 29 Jahre war, ernannte mich Ben-Gurion, zu jener Zeit Premierminister und Verteidigungsminister, zum Generaldirektor im israelischen Verteidigungsministerium.

Von Sèvres nach Suez

Im Sommer 1956 hatte der ägyptische Präsident Nasser die Nationalisierung der Suezkanal-Gesellschaft bekannt gegeben. Der Suezkanal war die eigentliche Pipeline für das Erdöl nach Europa. Es kam zu diplomatischen Verhandlungen der westlichen Staaten, während zu gleicher Zeit im Verborgenen ein militärisches Szenario vorbereitet wurde, um den Suezkanal unter Kontrolle zu bringen. Mein wunderbarer Freund Maurice Bourgès Maunoury, Verteidigungsminister unter Guy Mollet, schlug mir damals vor, im Konflikt zwischen Frankreich und Großbritannien auf der einen und Ägypten auf der anderen Seite solle sich

Israel dem französisch-englischen Militärbündnis anschließen. Und so reisten wir mit Ben-Gurion und Moshe Dayan unter größter Geheimhaltung nach Sèvres bei Paris, um das Dreierabkommen zu unterzeichnen, das dem Sinai-Feldzug vorausging. Im Oktober 1956 intervenierten die Armeen dreier Staaten: Frankreichs, Großbritanniens und Israels. Ausnahmsweise stimmten die Interessen von drei Ländern überein, wenn auch aus unterschiedlichen Motiven. England fürchtete, wie der Westen überhaupt, um seine Ölversorgung und um die Freiheit seiner Schifffahrt. Frankreich verdächtigte Nasser, die algerischen Nationalisten zu unterstützen, die es bekämpfte. Israel wiederum hatte große Sorge um seine Sicherheit. Heimlich wurde bei der vom 22. bis zum 24. Oktober 1956 stattfindenden Konferenz von Sèvres ein Angriffsplan erarbeitet. Am 29. Oktober wurden israelische Fallschirmjäger in Mitla, in der Nähe des Suezkanals, abgesetzt. Parallel dazu durchquerte eine Brigade die Sinai-Halbinsel und bewegte sich auf sie zu, bevor sie scharf zur äußersten Spitze der Wüste, nach Sharm El Sheikh, abbog. Vom Hafen von Eilat aus aufgebrochene Truppen vollendeten diese Umklammerung. Die erbittertsten Kämpfe finden in El-Arish in der Nähe von Rafia an der bei Abu Ageila abgeriegelten Straße nach Ismailia statt. Nach einer Woche schwerer Kämpfe befinden sich der Gazastreifen und der gesamte Sinai in der Hand der Israelis. Franzosen und Engländer ihrerseits greifen ein, indem sie die ägyptischen Flughäfen bombardieren, Fallschirmjäger-Kommandos absetzen und in Port-Said an Land gehen. Es bedarf der ganzen Überzeugungskraft von General Eisenhower einerseits sowie von Marschall Bulganin an der Spitze der sowjetischen Regierung andererseits, um Franzosen, Engländer und Israelis zum Rückzug zu bewegen. Im Gazastreifen und in Sharm El Sheikh werden »Blauhelme« der UNO stationiert. Die Vereinten Nationen garantieren Israel die Sicherheit seiner Grenzen und den freien Zugang nach Eilat. Im März 1957 verlässt der letzte Israeli den Sinai.

Im Laufe der Jahre wurde mir klar, wie wichtig hoch entwickelte Technik und Wissenschaft für unser Land sind, das seine offenkundige zahlenmäßige Unterlegenheit durch brillante technische Überlegenheit kompensieren muss. Aus diesem Grund haben wir unmittelbar nach diesem Konflikt beschlossen, in Israel die Kerntechnik einzuführen. Ich hatte nicht das Glück einer wissenschaftlichen Ausbildung gehabt, habe mich aber immer für das Thema interessiert und war überzeugt von seiner Bedeutung für mein Land. Meine Freunde sagen manchmal, ich wäre ein guter Kernphysiker geworden. Daran ist etwas Wahres. Eine kleine Anekdote aus dieser Zeit lässt es mich hoffen: Die Wissenschaftler, die mit den Programmen beauftragt waren, wandten sich immer an mich, um die technischen Unterlagen abzeichnen zu lassen. Zumindest vermochte ich als politisch Verantwortlicher die Texte, für die man eine solche Unterschrift brauchte, zu entschlüsseln, nachdem ich jedes kleinste Detail studiert hatte.

Ich erinnere mich, dass mir Rabin einmal sagte: »Ich weiß, wie man die Waffen verwenden, die Kräfte anwenden kann, du aber wusstest, wie man diese Kräfte konstruiert.« Und ich sage mir, ganz richtig, wenn wir doch wissen, wie man diese Kräfte konstruiert, können wir uns ihre Verwendung vielleicht auf immer sparen.

Und doch muss man leider feststellen, dass Israel sich noch immer im Krieg befindet. Wer ist daran schuld? Nicht alles ist auf der einen Seite weiß und auf der anderen schwarz.

Ich will es wiederholen, weil ich fest davon überzeugt bin: Dimona hat Oslo ermöglicht.

Die Araber haben zahlreiche Fehler begangen, aber wir Israelis haben ebenfalls viel falsch gemacht. Ich denke zum Beispiel an die Unterbrechung des Oslo-Abkommens. Wenn wir auf der Linie von Oslo weiterverhandelt und gehandelt hätten, wäre der Frieden meiner Meinung nach heute Wirklichkeit. Das ist ein bisschen wie beim Schachspiel. Am Anfang der Partie stand meine Übereinkunft in London mit König Hussein von Jordanien. Am Ende einer achtstündigen Diskussion waren wir zu einer vollständigen Übereinkunft gelangt. Jizchak Schamir, mein rechter Partner in der Koalition der nationalen Einheit, war es, der den begonnenen Prozess stoppte, welcher doch die beste Lösung für Israel, für die Palästinenser, für Jordanien, kurz, für alle war. Eine Art jordanisch-israelisch-palästinensisches Dreieck. Alles in allem ein Arrangement, bei dem nach der Übereinkunft, die – ich wiederhole es – zwischen König Hussein und uns unterzeichnet wurde, das Westjordanland unter der gemeinsamen Verantwortung unserer beider Länder stehen und über ein Regionalparlament verfügen würde. Dieser Modus löste alle Probleme. Erst aufgrund des Misserfolgs, als die Idee einer solchen Übereinkunft aufgegeben wurde, bin ich umgeschwenkt und habe den Kontakt zu Arafat gesucht. Aber unsere erste Wahl war das, was in der Sprache der Diplomatie als »jordanische Option« erhalten blieb. Ja, die Unterbrechung des in Oslo begonnenen Prozesses war ein Fehler. Ich gestehe, dass ich mir jedes Mal, wenn ich eine Entscheidung treffen muss, immer, und sei es auch nur flüchtig, vorgestellt habe, ich könne mich täuschen, ich könne einen Irrtum begehen. Ich gehöre nicht zu denen, die denken, sie hätten in ihren Vorstellungen und Handlungen immer Recht. Ob das nun die Übereinkunft mit König Hussein von Jordanien vom Oktober 1994 oder das Oslo-Abkommen betrifft. Ich erinnere mich, dass ich mich nachträglich gefragt habe, ob es nicht besser gewesen wäre, sofort einen Palästinenserstaat anstelle der Autonomie vorzuschlagen. Ebenso hatte ich Zweifel, als ich im März 2001 einwilligte, mich der von Ariel Scharon geführten Regierung anzuschließen. Wenn ich auf die gesamte Vergangenheit mit all unseren Erfolgen und Niederlagen zurückblicke, denke ich oft, dass das politische Leben nicht so leicht ist, wie man glauben mag, wenn man die Dinge von außen sieht.

Die Wissenschaft ist die Zukunft des Menschen

Aus tiefstem Innern glaube ich an die Zukunft des Menschen. Die Erfahrung hat mich gelehrt, dass es besser ist, an den Menschen zu glauben, als an ihm zu zweifeln. Ich glaube an die Zukunft des jüdischen Volkes. Also an die Zukunft Israels. Vielleicht bin ich ein Träumer, aber ein pragmatischer Träumer. Weil ich mich durch und durch als Jude fühle, glaube ich an die Wissenschaft, die weder Staaten noch Grenzen kennt, glaube ich an die Kreativität, an den Fortschritt, an den Frieden.

Häufig wird von Oslo als dem besonderen Moment geredet, als jenem Augenblick der Gnade, an dem der Frieden endlich zum Greifen nah schien. Und es ist eine Tatsache, dass am 30. Oktober 1991, als unter der Ägide der Vereinigten Staaten die israelisch-arabische Friedenskonferenz in Madrid zusammentrat, die ganze Welt den Eindruck hatte, endlich sei eine neue Ära angebrochen. Diese Hoffnungen waren alles andere als vergebens, da die Geheimverhandlungen, die in der norwegischen Hauptstadt geführt wurden, am 13. September 1993 zur Unterzeichnung des ersten israelisch-palästinensischen Abkommens führten. Leider war der Weg allein nicht das Ziel, und der Weg der israelisch-arabischen Aussöhnung droht noch lang zu werden.

Aber ich bin überzeugt, dass es die Gründung von Dimona war, die den Weg nach Oslo frei gemacht hat. Ja, alles hat am Rand der Wüste in dem 1955 gegründeten Marktflecken namens Dimona begonnen. Dort wurde das Forschungszentrum der

Nationalen Atomenergiekommission errichtet, jene Speerspitze unseres modernen Forschungsprogramms, die von den Israelis spöttisch, aber auch liebevoll den geheimnisvollen Namen »Textilfabrik« bekommen hat. Unsere mutmaßliche Atomoption mit ihrem Bedrohungspotential war es, die den Weg zu Verhandlungen mit unseren arabischen Nachbarn gebahnt und mit zwei von ihnen, Ägypten und Jordanien, zu Friedensverträgen geführt hat.

Zwölf Millionen

Wie viele Juden sind wir auf der Welt? Etwa zwölf Millionen Menschen, vielleicht etwas mehr, darunter etwa fünfeinhalb Millionen israelische Staatsbürger. Ein winziges Volk, dessen Zahl in keinem Verhältnis zu der Bedeutung steht, die wir im Getriebe der Welt einnehmen. Vielleicht weil das Judentum die nationale und die universelle Dimension auf harmonische Weise verbindet und es in der hebräischen Tradition keinen Unterschied zwischen Nation und Religion gibt. Vielleicht auch, weil wir unserer geringen Zahl wegen immer darauf aus waren, herausragend zu sein und den demographischen Mangel durch große Qualitäten auszugleichen. Aber wir dürfen unsere Erfolge keinesfalls verklären. Wir müssen jederzeit in der Lage sein, zwischen Traum und Vision zu unterscheiden.

Wir sind – von allen anerkannt – ein Land der Hochtechnologie. Wissenschaft und Technik haben Israel in der Landwirtschaft einen noch nie da gewesenen Erfolg beschert. In einem unfruchtbaren, trockenen Land ist es uns gelungen, die Agrarproduktion binnen fünfundzwanzig Jahren um das Siebzehnfache zu steigern, ohne die Anbaufläche zu vergrößern oder die Wassermenge zu erhöhen. Wie war das möglich? Israel ist der lebende Beweis für die Möglichkeiten, die die Wissenschaft eröffnet und die es erlauben, den Unzulänglichkeiten der Natur abzuhelfen. Wir haben wenig Wasser. Daran soll es nicht liegen! Dank Tropfinfusionstechnik, optimaler Nutzung der Elektronik und der Wiederverwendung von gebrauchtem Wasser kann inzwischen jeder Wassertropfen vierfach verwendet werden. Dank der Einführung neuer Pflanzensorten, extrem leistungsfähigem Dünger und ausgeklügelten Treibhäusern haben wir unsere Produktion optimiert. Auf beispielsweise 1000 Prozent bei der Tomatenproduktion. Was früher ein Hektar lieferte, wird jetzt von 0,1 Hektar geliefert. Denken Sie an die unermesslichen Dimensionen Russlands im Vergleich zu unserem so kleinen Land. Die israelische Kuh gibt dreimal so viel Milch wie ihre russische Kollegin. Es sind die gleichen Tiere. Die gleichen Hörner, die gleichen Euter. Der Unterschied liegt darin, wie die Ställe organisiert werden. Die Produktionsmethode ist ebenso wichtig wie die Kuh.

Ich weiß jedoch, dass die Landwirtschaft auf der ganzen Welt nach und nach an Bedeutung verliert. Wir zählen inzwischen zu den weltweit führenden Ländern in der Elektronik und bei Technologiedienstleistungen. Die Obstgärten brauchen nicht mehr dieselbe Fläche wie früher. Auf den dadurch frei gewordenen Arealen wurden Hochtechnologie- und Biotechnologie-Unternehmen errichtet. Ihre Exporte beziffern sich in Milliarden Dollars.

Wir erleben gegenwärtig ein außerordentliches Abenteuer: die Nanotechnologie. Es handelt sich um eine ungeheure Entwicklung, die die Biologie und Physik ebenso betrifft wie die Chemie, die Elektronik und alle Bereiche der menschlichen Wissenschaft. Sie ist nicht nur eine neue Technik, sie ist eine neue Dimension. Die wirkliche Stärke findet sich in den unsichtbaren Strukturen der Materie, in den Atomen und Molekülen. Aus ihnen leitet die Welt ihre Beschaffenheit her. Sie sind es, die den

Menschen erschaffen. Mit ihnen kann man Welten errichten oder zerstören.

Nanowissenschaft und Nanotechnologie beschäftigen sich mit der Vorbereitung, näheren Bestimmung, Handhabung und Kontrolle einer oder mehrerer kleiner Gruppen von Atomen oder Molekülen in der Absicht, neue Materialien mit völlig neuen Eigenschaften in der Größenordnung von Millionstel Millimetern zu schaffen, die für neuartige Anwendungen verwendet werden können, oder um die Kosten vorhandener Anwendungen zu reduzieren.

Die Nanotechnologie interessiert sich für neue Arten der Produktherstellung. Für die Wissenschaftler gibt es zwei Ansätze, sich dem Nano-Maßstab zu nähern: Das Verkleinern von oben nach unten, das so genannte »Top-to-Bottom«-Verfahren, und der Aufbau von unten nach oben. Diese beiden Modelle unterscheiden sich grundlegend, sowohl hinsichtlich der Herstellung von Strukturen als auch hinsichtlich der dahinter stehenden Wissenschaft, die diese Herstellung möglich macht. Das »Top-to-Bottom«-Verfahren führt zur Größenreduzierung kleinster Strukturen hin auf Nano-Niveau. Es handelt sich im Wesentlichen darum, von größeren Gegenständen ausgehend Nanostrukturen zu schaffen. Deshalb gehört die Nanotechnologie »Top-to-Bottom« grundsätzlich eher ins Ressort der Nanoelektronik und der Nanoverfahrenstechnik. Natürlich hat dieser »Top-to-Bottom«-Ansatz physische Grenzen. Sobald die Dimensionen Atomgröße erreichen, zielen die Herstellungsprozesse eher darauf ab, einzelne Moleküle zu bearbeiten. Die Kräfte und Interaktionen zwischen diesen Molekülen werden dann wichtiger, und neue Paradigmen müssen ins Spiel kommen.

Die »Von unten nach oben«-Verfahren umfassen die Bearbeitung spezifischer Atome und Moleküle. Die »Von unten nach oben«-Nanotechnik führt im Allgemeinen zu einer kontrollierten oder gesteuerten Selbstorganisation von Atomen und

Molekülen zu Nanostrukturen. Dies erinnert eher an biologische oder chemische Prozesse, bei denen sich Atome und Moleküle untereinander verbinden, um Strukturen wie etwa Kristalle oder lebende Zellen zu bilden. Um ein bildhaftes und einfaches Beispiel zu geben, kann man sagen, dass die Erschaffung einer lebenden Zelle oder einer Schneeflocke eine Art angewandte natürliche Nanotechnologie ist.

Nun wird man leicht verstehen, dass Nanotechnologie eine interdisziplinäre Technologie ist. Ihre Entwicklung hängt also davon ab, was Chemie, Physik, die Wissenschaften des Lebens und zahlreiche Disziplinen des Ingenieurwesens dazu beitragen.

Die Nanotechnologie ist auch radikal erneuernd: Sie verdrängt ältere Technologien, um sie durch neuere Produktgenerationen und Verfahren zu ersetzen. Zum Beispiel hat die Speicherung optischer Daten auf Trägermaterialien wie etwa der Compact Disc den Charakter der Unterhaltung und des privaten Informationswesens verändert. Auf Datenspeichern basierende Digitalkameras sowie Bildbearbeitungstechniken ersetzen nach und nach den Fotofilm.

Eine wichtige Entwicklung

Neue, bislang unvorstellbare Kategorien von Produkten und Märkten werden möglich. Neue Firmen erleben eine rasche Entwicklung, während gut eingeführte Unternehmen nun Konkurrenz erfahren und ihnen keine andere Wahl bleibt, als sich anzupassen, um nicht zu veralten und verdrängt zu werden. Die Führer der Industrieländer haben die Bedeutung dieser Entwicklung rasch erkannt. Weltweit wird die Nanotechnologie mit mehr als zwei Milliarden Dollar jährlich finanziert. Im Jahr 2003 haben allein die Vereinigten Staaten mehr als eine Milliarde Dollar in die neue Technologie investiert, davon stammten siebzig Prozent aus öffentlichen Geldern. In zahlreichen Bereichen, insbesondere der Elektronik, der Energietechnik, der Medizin und der Verteidigung, haben Anwendungen der Nanotechnologie Einzug gehalten. Ein entscheidender Durchbruch ist für das Jahr 2006 vorgesehen.

Die Nanotechnologie wird das Leben der gesamten Weltbevölkerung verändern. Sie steht am Anfang, und niemand kann sagen, wo wir hinkommen, wenn diese Technik ihren Höhepunkt erreichen wird. Es handelt sich um eine beispiellose Minimalisierung unserer technischen Mittel. Zum Beispiel um die Verkleinerung eines Computers auf die praktisch unsichtbare Größe eines Nadelöhrs. Bereits 1959 hat der Physiknobelpreisträger Richard Feynmann die damals verrückt erscheinende Idee vorgebracht, die 24 Bände der Encyclopaedia Britannica auf Stecknadelkopfgröße zu reduzieren. Das ist möglich geworden. Unendlich dünne, unendlich leichte und zugleich unendlich widerstandsfähige Materialien können bald auf den Markt gebracht werden. Stellen Sie sich einen Panzer vor, dessen Skelett aus Metall bestände, das so dünn wäre wie Papier. Prothesen werden es ermöglichen, Teile des menschlichen Körpers zu ersetzen. Alles wird sich ändern, im zivilen Leben, vor allem im Gesundheitswesen, genau wie im militärischen. Kriege im heutigen Sinne werden unsichtbar. So wie es bereits heute Flugzeuge ohne Piloten gibt, wird man Armeen ohne Soldaten schaffen können. Das wird ein neues System der Bewaffnung im Kampf gegen den Terrorismus ermöglichen. Wir sind auf dem Weg in eine außerordentliche Ära. Dank der Entwicklung der Mikroelektronik und der Chiptechnik steht die Nanotechnik bereits vor unserer Tür. Wir werden Atome und Moleküle direkt bearbeiten können, indem wir uns ins Zentrum der Materie begeben. Als einer der allerersten Israelis, der hier die Kerntechnik eingeführt hat, bin ich von der Nanotechnologie fasziniert. Die ganze Welt im Allgemeinen und Israel im Besonderen haben sich bereits auf den Weg dieser Technologie begeben. Sie ist eine Wissenschaft, die bereits angewandt wird, und es gibt schon durch sie geschaffene Produkte. Und wie bei allen Entwicklungen, die die Menschheit erlebt hat, wird die Armee Initiatorin und Trägerin dieses neuen, außerordentlichen technischen Fortschritts sein. In der Tat hat jedes Ergebnis erfolgreicher militärischer Forschung in anderer Form immer auch im zivilen Leben genutzt. So sind die Investitionen bei der amerikanischen Armee heute immens. Denn Kriege werden heutzutage über die Kontrolle der Kommunikation gewonnen, die den Nerv des Krieges bildet. Und wenn man in der Lage ist, einen für das bloße Auge unsichtbaren Rechner zu produzieren, der sich in alle Kommunikationssysteme einschalten kann, ist man klar der Sieger.

Vielfältige Anwendungen

Die inzwischen umfangreiche Liste von Anwendungen, die die Nanotechnologie ermöglichen wird, lässt sich in drei Kategorien unterteilen: bereits verfügbare Produkte, Produkte, die bald auf den Markt kommen, und Vorhaben, die im laufenden Jahrzehnt zum Abschluss kommen werden. Zur ersten Kategorie gehören Festplatten mit Supermagnetowiderstand, die sich aus multiplen Nanostruktur-Magnetschichten aufbauen, Sonnencremes auf Basis von Nanopartikeln, die die ultravioletten Strahlen absorbieren, Lasergeräte, Telekommunikationsmodulatoren und -verstärker sowie Computer-Peripherie. Zur zweiten Kategorie gehören erneuerbare Energiequellen mittels verbesserter Photovoltaiktechnik, elektronische Anzeigetechnologie, beschichtetes kratzresistentes Glas, alle möglichen härteren, leichteren und stabileren Materialien, Labors auf Chipgröße, elektronische Quantenstrukturapparate sowie hoch entwickelte photonische

Geräte für die Telekommunikation. Zu den längerfristigen Vorhaben schließlich gehörten die zielgerichtete Verabreichung von Medikamenten, die es erlaubt, Dosierung und Nebenwirkungen zu reduzieren, sowie Antirostbeschichtungen, stabilere Schneidwerkzeuge, Polymer-Elektronik, elektronische Flachbildschirme und medizinische Transplantationen und Organübertragungen (vor allem der Netzhaut) mit einer längeren Lebensdauer. Israel für seinen Teil hat die nanotechnologische Revolution in den verschiedensten Bereichen bereits begonnen. Trotz der geringen Größe des Landes und der strengen Sicherheitszwänge, denen es unterliegt, ist Israel anerkanntermaßen ein Weltzentrum für interdisziplinäre Technologien. Das Land verfügt über große Forschungskapazitäten, über eine hohe technologische Infrastruktur, eine Spitzenindustrie und ein bedeutendes Potential an Arbeitskräften. Die Nanotechnologie ist auf dem besten Wege, zu einem Motor für die nationale Stärke, die hervorragende Qualität der Universitäten und das wirtschaftliche Wachstum unseres Staates zu werden. Es wurden vorrangige Forschungsgebiete festgelegt: Nano-Materialien, Nano-Biotechnik, Nano-Elektronik sowie Energie, Umwelt und Mehrwasserentsalzung.

2002 hat ein nationales Fachkomitee für Nanotechnologie nachdrücklich eine trilaterale Initiative von Regierung, Universitäten und Industrie empfohlen, um das Land auf effiziente Weise auf ein hohes Niveau in diesem Bereich zu bringen. So entstand die »Israelian Initiative in Nanotechnology«. Ein Investitionsprogramm wurde skizziert. Es sollte in kurzer Zeit hunderte von Millionen Dollar zusammenbringen. Die Verwirklichung dieses bedeutenden Vorhabens wurde einem Leitungskomitee anvertraut. Ziel der IIN ist es, die verfügbaren Mittel zu verdreifachen und damit eine Verzehnfachung der israelischen Nanotechnologie-Kapazität in den kommenden fünf Jahren zu ermöglichen.

Aber schon jetzt mangelt es nicht an Beispielen. So bestehen die Festplatten zahlreicher Computer, die wir herstellen, aus Nanostruktur-Magnetschichten. Bei den Lasergeräten, Modulatoren und Verstärkern, die wir fertigten, ist die Nanotechnologie allgegenwärtig. Israel produziert extrem leistungsfähige nanotechnologische elektrische Batterien, mit Nano-Partikeln beschichtetes, nicht verkratzbares Glas und »Nano«-Werkzeug, dessen Schock- und Belastungsresistenz zehnfach über der Norm liegt. Wir versuchen, unter besseren Bedingungen Meerwasser zu entsalzen, wobei es dank der durch Nanotechnologie entwickelten Membranen zu erheblichen Einsparungen kommt, und nicht zuletzt sind unsere Banknoten dank Sicherheitstechniken, die durch dasselbe Wissen entwickelt wurden, praktisch fälschungssicher. Geld ist Akkumulation von Vergangenheit und wird immer an Wert verlieren. Die Wissenschaft dagegen stellt das Potential der Zukunft dar und wird immer an Wert gewinnen.

Die medizinische Forschung steht bei all dem nicht abseits. Israelische Chirurgen können inzwischen Tumore nachweisen, ohne ihr Skalpell benutzen zu müssen. Zu diesem Zweck führen sie magnetische Nano-Partikel in den Körper ihrer Patienten ein. Bald können sie die Kranken bei Bedarf behandeln, indem sie ihnen mittels »Nano«-Verfahren winzige, aber ausreichende Mengen an Medikamenten verabreichen. Ganz allgemein verwenden wir in Israel übrigens »Chiplabors« genannte Miniatur-Diagnose-Geräte. Noch ein Beispiel aus der Gesundheitspflege, das aber für ein breites Publikum gedacht ist: eine Schutzcreme für die Haut, deren Nano-Partikel imstande sind, das ultraviolette Lichtspektrum zu absorbieren.

Es handelt sich um die sensationellste Entwicklung unserer Zeit. Sobald in unserer Region einmal Frieden herrschen wird, ist Israel bereit, all seine Nachbarn, die Palästinenser an erster Stelle, in den Genuss dieser Entwicklung kommen zu lassen.

Vier Etappen

Wenn ich über diese unglaublichen Perspektiven nachdenke, wird mir klar, dass Israel im Laufe seiner jüngsten Geschichte vier große Etappen absolviert hat.

Die erste bestand darin, Exilanten wirklich in ein Volk zu verwandeln. Die Vision war mächtig, die Antwort jedoch schwach. Von 1882 bis 1914 haben drei Millionen Juden Osteuropa verlassen. Nur fünfzigtausend von ihnen haben an einer Alija – wörtlich »Aufstieg« nach Zion – teilgenommen. Trotz der mäßigen Reaktion hat die Größe dieses Vorhabens die Situation gerettet. Zum ersten Mal in der Geschichte der Menschheit hat ein seit zweitausend Jahren im Exil lebendes Volk das Land seiner Väter wiedergewonnen.

Die zweite Etappe war die der Pioniere und der Rückkehr zur Bewirtschaftung des Bodens. Die jüdischen Pioniere hatten keinerlei landwirtschaftliche Erfahrung. Das Land war dürr und trocken. Trotzdem ist es Israel gelungen, eine der leistungsfähigsten Landwirtschaften der Erde zu entwickeln, vielleicht sogar die beste. Es hat parallel zwei neuartige Formen des Zusammenlebens geschaffen: den Kibbuz und den Moschaw, ein Genossenschaftsdorf.

Die dritte Etappe war der Krieg. Mein Land, das bereits bei seiner Proklamation als unabhängiger Staat 1948 von sieben an Bevölkerungszahl und Material deutlich überlegenen arabischen Ländern angegriffen wurde, hat sich der Situation gestellt. Noch einmal haben Menschen ohne jede militärische Tradition fünf Kriege nacheinander gewonnen und eine bemerkenswerte Armee aufgebaut, die zu den besten der Welt gehört.

Heute beginnen wir die vierte Etappe. Inzwischen lebt die Hälfte des jüdischen Volkes in Israel. Wir können nicht mehr in erster Linie auf die Landwirtschaft setzen; die Zukunft gehört der Technologie. In diesem Bereich muss Israel Hervorragendes leisten. Bei der vierten Etappe wird Israel eine Führungsrolle bei den neuen Technologien einnehmen. Die Statistiken zeigen, dass wir auf dem richtigen Weg sind.

Fakten und Zahlen

Israel gehört zu den sieben wichtigsten Ländern der Erde, was die Anzahl angemeldeter Patente pro Einwohner angeht. Was die Zahl der Wissenschaftler und Ingenieure pro 10 000 arbeitende Menschen betrifft, steht es mit 72 gegenüber 33 in den Vereinigten Staaten an erster Stelle. Auch hinsichtlich der Menge an wissenschaftlichen Publikationen in den Natur- und Ingenieurwissenschaften steht das Land an erster Stelle. Weiterhin ist es Spitzenreiter bei dem für Entwicklung und Forschung ausgegebenen Prozentsatz des Bruttoinlandsprodukts.

Außerdem ist es führend, was die Anzahl der im Nasdaq notierten Technologie-Unternehmen angeht: 111 in Israel, dagegen beispielsweise nur 55 in Großbritannien.

77 Prozent der Menschen in Israel haben eine abgeschlossene höhere Schulbildung. Zwanzig Prozent verfügen über einen Hochschulabschluss. Wenn man die Altersgruppe der 25- bis 64-Jährigen betrachtet, sind es 35 Prozent. Zwölf Prozent haben einen höheren akademischen Grad.

Im Bereich der Nanotechnologie nimmt Israel weltweit den zweiten Platz bei wissenschaftlichen Publikationen zum Thema ein, den dritten bei Patentierungen.

Die Wissenschaft ist die Zukunft des Menschen; die Wissenschaft ist die Zukunft Israels. Wir haben nicht vergessen, was wir gelernt haben. Um uns zu erinnern, dass das nicht ausreicht.

Modernisierung gegen Terror

Man wird den Terrorismus nicht allein mit Gewalt beseitigen. Nur eine durchgreifende Modernisierung, nur wissenschaftlicher Fortschritt werden in der Lage sein, dieser Geißel Herr zu werden.

Ich habe den Terrorismus aus der Nähe erlebt. Bei der Geiselnahme von Entebbe war ich direkt an den Entscheidungen beteiligt. Am 4. Juli 1976 gelang einem israelischen Kommando, das viertausend Kilometer von seiner Basis entfernt operierte, mit unglaublichem Wagemut die Befreiung einer von arabischen und deutschen Terroristen entführten Air-France-Maschine. Es war ein Unternehmen aus der Luft und zu Lande.

Wir stehen vor einem ernsthaften Problem, das die ganze Welt betrifft. Einerseits wird uns bewusst, dass der Terror, der im Wesentlichen auf den Staat Israel konzentriert schien, sich heute ausgeweitet und seine Geschwüre über die ganze Erde gestreut hat. Andererseits verdeutlicht der Terrorismus die Tatsache, dass wir selbst dann nicht geschützt sind, wenn wir uns verkriechen, wenn wir uns abschotten und zwischen uns und unseren Feinden eine vermeintlich undurchlässige Barriere errichten. Deshalb war ich nie ein Anhänger der Idee einer Trennmauer innerhalb unseres Landes.

Der große strategische Fehler der Regierung Scharon besteht in dem Glauben, es sei möglich, den Terror vor allem mit Gewalt zu stoppen. Es gibt leider gewisse Übel, gegen die Gewalt nichts ausrichtet.

Der Kampf gegen den Terrorismus ist kein Kampf gegen eine reguläre, klar definierte Armee, sondern gegen Individuen, gegen kleine Gruppen. Die Infrastruktur, die beseitigt werden muss, ist keine materielle, sondern eine psychologische, sie liegt auf der Gefühlsebene. Es ist eine Infrastruktur, die im Herzen der Handelnden sitzt. Wir sind nicht Amerika und nicht in der Lage, einen weltweiten Konflikt auszuhalten. Das Paradoxe im vorliegenden Fall ist, dass die Lösung dieses lokalen Problems Konsequenzen für die weltweite Bedrohung haben kann. Was hier in dieser Region getan werden muss, ist der Friedensschluss mit den Palästinensern. Und der Konflikt wird nicht enden, ehe nicht die Ursachen beseitigt sind, die zum Krieg geführt haben. Folglich müssen wir gleichzeitig gegen den Terror und gegen die Ursachen dieses Terrors kämpfen. Der größte Fehler Scharons bestand darin, den Terror in dem Glauben zu bekämpfen, man könne sich den politischen Problemen erst zuwenden, nachdem der Terrorismus mit militärischen Mitteln beseitigt wäre. Das kann so nicht funktionieren. Das ist nicht möglich.

Der Kampf gegen den Terror muss parallel bewaffneten Druck und wirtschaftliche Mittel anwenden.

Nicht nur wir wurden mit terroristischen Geiselnahmen konfrontiert. Das hat man bei der Geiselnahme in einem Moskauer Theater im Oktober 2002 erlebt. In solchen Situationen handeln wir Israelis nach dem Grundsatz, dem Leben der Geiseln oberste Priorität einzuräumen. Im Fall von Entebbe habe ich mich angesichts der zahlreichen Möglichkeiten, die unsere Strategen mir vorgeschlagen hatten, für diejenige entschieden, die mir für die Gefangenen am wenigsten riskant schien, und alle Vorgehensweisen, die ein größeres Risiko für die Geiseln dargestellt hätten, abgelehnt, so verlockend sie unter logistischem Blickwinkel auch gewesen wären. Ohne diese Grundhaltung, dem Leben der Geiseln Priorität einzuräumen, ist jeder

Sieg trügerisch. Wenn man ein Problem untersucht, um eine Lösung zu finden, steht man im Allgemeinen zwei Alternativen »A« und »B« gegenüber. Und man glaubt, man müsse sich zwischen diesen beiden entscheiden. In Wahrheit gibt es – verborgen – eine dritte Alternative. Eine Alternative, die hinterher zeigt, dass »A« und »B« nicht alle Möglichkeiten abdeckten, dass sie unzureichend waren. Eine Idee, an die man nicht gedacht hatte und die allein Kreativität und Erfindungsreichtum hervorbringen können. Kreativität hat bei einer Entscheidung immer Vorrang. Das ist der Grund für meine Vorsicht in allen Dingen.

Ich erinnere mich einer Begebenheit aus jener Zeit: Zbigniew Brzezinski, der damalige Sicherheitsberater von Präsident Jimmy Carter, war bei mir zum Abendessen zu Gast. Im Lauf des Gesprächs fragte er mich, warum wir in Entebbe Gewalt angewandt hatten. Ich wich aus und antwortete nicht. Als ich mich bald darauf in Washington aufhielt, wurde ich eines frühen Morgens von eben jenem Brzezinski angerufen, der mich darüber informierte, dass der Präsident mich so schnell wie möglich zu sprechen wünsche. Es war im April 1980, und ganz Amerika verfolgte beunruhigt die Geiselnahme in der Teheraner US-Botschaft. Ich begab mich rasch ins Weiße Haus. Dort erwarteten mich Jimmy Carter und ein umfangreicher Stab aus Staatssekretären und Mitgliedern der Exekutive sowie Brzezinski. Der amerikanische Präsident sagte mir im Vertrauen, er stehe einer Situation gegenüber, die der Geiselnahme von Entebbe gleiche. Er sah mich unverwandt an und fragte: »Was denken Sie darüber?« Ich antwortete ihm, ohne zu zögern: »Mister President, die politische Entscheidung ist klar, aber bei allen militärischen Einsätzen muss man vorsichtig sein. Denn eine gute politische Entscheidung kann von einer schlechten militärischen Option zunichte gemacht werden.«

Dieses Gespräch mit dem mächtigsten Mann der Welt erfolgte um acht Uhr morgens. Als ich um vier Uhr nachmittags gerade am New Yorker Flughafen ankam, stürzte sich ein Schwarm von Journalisten auf mich, darunter auch Barbara Walters, der berühmte Star des amerikanischen Fernsehens. Man wollte mich interviewen: »Mister Peres, bitte, Mister Peres …« Ich war ein wenig verwundert. Man fragte mich:

»Sie waren der Verantwortliche für die Operation ›Entebbe‹, die als Erfolg eines mehrere tausend Kilometer von seiner Basis entfernt operierenden israelischen Einsatzkommandos berühmt wurde. Was halten Sie von dem amerikanischen Fehlschlag in Iran?« Meine Antwort entsprach der, die ich am selben Tag schon einmal gegeben hatte: »Meiner Ansicht nach hat der Präsident die beste Entscheidung getroffen, ist aber auf militärische Schwierigkeiten gestoßen.« Kurz darauf erhielt ich einen Anruf aus dem Weißen Haus. »Danke«, sagte man mir, »Sie waren der einzige Politiker, der das Vorgehen des Präsidenten gerechtfertigt hat.« Es gibt die Strategie, und es gibt die Details. Man muss bei den Anweisungen, die man den Militärs hinsichtlich der Ziele gibt, die man verfolgt, äußerst streng sein. In Entebbe war das glücklicherweise der Fall gewesen.

Modernität und Tradition

In gewisser Weise haben wir in Entebbe eine Schlacht gewonnen. Die russischen Behörden sagen, sie hätten trotz der sehr hohen Zahl von Toten in der tragischen Affäre im Moskauer Theater richtig gehandelt. Vielleicht haben die Russen im vorliegenden Fall ebenfalls eine Schlacht gewonnen. Aber in Entebbe wie in Moskau – und jedes andere Mal, wenn irgendwo auf der Welt Terroristen besiegt oder ihre Pläne durchkreuzt werden – weiß man, dass es ein nächstes Mal geben wird. Denn es geht nicht darum, einzelne Schlachten zu gewinnen, sondern den endgültigen Sieg im Krieg gegen den Terror zu erringen. Und das wird nicht allein durch Gewalt geschehen.

Mit jedem Augenblick, der vergeht, verliert die Vergangenheit an Bedeutung. Denn es ist eine Tatsache, dass die Zukunft nicht die Wiederholung von Dingen ist, die sich bereits abgespielt haben. Die Zukunft ist per definitionem neu. Immer, wenn man von Bildung oder Politik oder allen anderen menschlichen Tätigkeiten spricht, sollte dies im Sinne einer Ausrichtung auf die Zukunft erfolgen. Zum Beispiel bei unseren Kindern, denen man in den Schulen die Vergangenheit, die vergangene Geschichte mit all ihren wichtigen Ereignissen erzählt. Künftig müsste man sie auch darauf vorbereiten, sich die Zukunft auszumalen. Ich selbst habe versucht, mir die nächsten Jahrzehnte vorzustellen. Aus meinen Überlegungen gehen vier große Leitlinien hervor: Die erste ist eine Konfrontation der modernen mit der alten Welt, einschließlich des Terrorismus. Es handelt sich um einen Krieg ohne Armeen. Der Konflikt, der uns droht, die globale Bedrohung, die auf uns lauert, erfordern einstweilen keine militärische Antwort. Vor nicht langer Zeit hat die Nato getagt. Die Nato ist der einzige moderne Militärverbund, der keine Feinde hat. Der Feind, das heißt die Sowjetunion, ist verschwunden, aber die Militärs bleiben! Ich würde sogar noch weiter gehen: Das heutige Russland, ein Teil der ehemaligen Sowjetunion, ist fast ein Mitglied der Nato geworden. In Wahrheit neigt die Strategie, genau wie die Wirtschaft, zur Globalisierung. Sie neigt dazu, weniger national und stärker global zu sein. Paradoxerweise weitet sich die globale Bedrohung umso stärker aus, je kleiner die Zahl der Feinde wird. Der Terror kennt keine Grenzen, keine Souveränität, respektiert keinerlei Gesetz, keinerlei Regel. Und doch legt er eine außergewöhnliche Mobilität und Modernität an den Tag. Als Beweis kann man den internationalen Drogenhandel anführen. Auch Umweltverschmutzung und Armut haben keine Grenzen – auch wenn sie natürlich nicht mit dem Terrorismus vergleichbar sind, so haben sie doch manche Eigenschaften gemein. Die Möglichkeiten der Rechtsstaaten gegenüber diesen Geißeln, gegenüber der Bedrohung, die sie darstellen, sind gering. Unsere Strategien dagegen sind nicht angemessen.

Von diesen Geißeln ist der Terrorismus die schrecklichste und gefährlichste. Plötzlich entdecken wir, dass bestimmte Länder ökonomisch arm und militärisch »reich« sein können. Sie haben keine hoch entwickelten Computer, beherrschen das Internet nicht, aber sie verfügen über Raketen und nicht-konventionelle Massenvernichtungswaffen. Ganz zu schweigen von den Heerscharen von Selbstmordattentätern, dem komplexesten Phänomen unserer Zeit. Amerikaner sind in ihrer Geschichte zwei Mal von Selbstmordattentätern angegriffen worden: 1944 gegen ihre Pazifikflotte und dann in New York und Washington mit den Selbstmordattentaten des 11. September 2001. Zwei Serien von Selbstmordattentaten gegen die Vereinigten Staaten in sechzig Jahren. Mit dem Unterschied, dass der erste Angriff auf militärische Objekte abzielte, der zweite auf zivile. Eines ist im zweiten Fall jedoch sicher: Dieser Terrorismus, der nicht das Werk einer Armee ist, kämpft nicht an einer Front, kennt keine Grenzen, respektiert keinerlei Gesetz. In dieser Form des Kampfes gibt es keine Maginot-Linie und auch keine Schützengräben. Die Gefahr ist darum nur umso größer. Niemand ist geschützt. Weder Junge noch Alte, an keinem Ort der Erde. Zudem hängt sich der Terror noch das Deckmäntelchen religiöser und ideologischer Rechtfertigung um. Für den Islamwissenschaftler Bernard Lewis besteht der Unterschied zwischen dem Osten und dem Westen darin, dass jener für die Gerechtigkeit und dieser für die Freiheit sei. Gerechtigkeit ist ein doppeldeutiges Wort. Denn im Namen der Gerechtigkeit ist man heutzutage so weit, Menschen ermorden zu wollen. Ein iranischer Imam kann mittels einer Fatwa über Leben oder Tod eines Menschen bestimmen. Wir haben es im Fall von Salman Rushdie gesehen. Und das im Namen der Gerechtigkeit! Die Freiheit hingegen erfordert, dass das Leben eines jeden Einzelnen ganz unabhängig von seiner Meinung respektiert wird. Die große Bedrohung erwächst nicht nur aus den Strukturen dieser neuen Form der Konfrontation, sondern auch aus philosophischen und moralischen Begriffen, die parallel dazu geprägt wurden. Bernard Lewis fügt hinzu, dass der Westen den Osten studiert habe, das Gegenteil aber nicht erfolgt sei. Außer beim Militär.

In zahlreichen muslimischen Ländern gibt es Konflikte zwischen Militärs und geistlichen Oberhäuptern. Man denke zum Beispiel an Algerien, Pakistan oder die Türkei. Nicht George W. Bush hat Bin Laden angegriffen. Das Gegenteil ist der Fall. Und Bin Laden oder seine Organisation sind nicht gewillt, ihre terroristischen Angriffe zu beenden. Schauen Sie nach Bali, nach Djerba, nach Mombasa, nach Casablanca. Gegen deutsche, französische, englische, marokkanische, israelische Interessen … Überall. Die authentische Erklärung des Sprechers von Al-Qaida, Suleiman Abu Ghaith, vor ein paar Monaten – »Wenn es Gottes Wille ist, wird das Bündnis von Juden und Kreuzfahrern, wo immer es sich befindet, vor den Angriffen der Mudjaheddin nicht mehr geschützt sein« – ist klar und deutlich. Ganz normal im eigenen Land leben, umherfahren, arbeiten, spazieren gehen, ins Restaurant oder ins Theater oder Kino gehen, wird gefährlich. Nirgendwo auf der Welt, in keiner Demokratie, gibt es noch eine religiöse Stätte, die vor dem Terrorismus geschützt wäre. In den Anfängen des Kommunismus drehte sich die große Debatte zwischen Stalin und Trotzki um die Frage, ob die Revolution national oder international sein solle. Stalin entschied, die Revolution werde lokal sein. Das große Problem, mit dem die Welt sich angesichts des Terrorismus von Al-Qaida konfrontiert sieht, besteht darin, dass er sich dazu berufen fühlt, international, global zu agieren. In der Überzeugung, dass die »Operationen des Djihad gegen die Unterdrückerallianz die alle Muslims vereinende Aufgabe sei«, hat derselbe Abu Ghaith alle Mitglieder der Umma, der Gemeinschaft der Muslims, in einer über die Internetseite »Jihad online« verbreiteten mündlichen Botschaft aufgefordert, den »Feind an allen Fronten zu terrorisieren«, damit er »sich überall gefährdet fühlt, auf dem Land, zu Wasser und in der Luft«.

Wenn es in der Welt der fanatischen Fundamentalisten auch viele Terroristen gibt, so ist es natürlich angebracht, diese religiöse Verirrung vom Islam selbst zu trennen. Die muslimische Welt ist deshalb noch nicht terroristisch geworden. Es wäre falsch und gefährlich, das zu behaupten.

Eine freiheitliche Gesellschaft

Allein mit technischen Mitteln und Instrumenten kann man kein Land in ein modernes, hoch technologisiertes Land verwandeln. Um eine Hochtechnologie zu entwickeln, um Forschung und Wissenschaft zu ermöglichen, muss eine Gesellschaft vor allem frei sein. Die Forschung unter Stalin zum Beispiel war nicht wissenschaftlich fundiert. Wissenschaft und Lüge haben nie gut zusammengepasst. Zudem wird kein Investor das Risiko eingehen, Kapital in eine Wirtschaft zu stecken, der es an Transparenz mangelt. Der gute Ruf eines internationalen Unternehmens ist ein wesentlicher Faktor für seine wirtschaftliche Entwicklung. Alles in allem ist die technische Entwicklung von der demokratischen Entwicklung und ihren Werten nicht zu trennen. Aus diesem Grund möchten viele junge Forscher und Wissenschaftler in Ländern Karriere machen, in denen die Regierung integer, die Korruption gering ist, in denen der Umweltschutz einen hohen Stellenwert hat und die Wissenschaft breit gefördert wird. So verlassen viele chinesische Wissenschaftler heimlich ihr Land, um in den Westen, insbesondere in die Vereinigten Staaten, zu gehen. Wenn umgekehrt irgendetwas den Einfluss des kommunistischen Systems in China eingedämmt hat, dann war es die Hochtechnologie. Die Marxisten merken letzten Endes, dass Technologie noch bedeutender ist als Wirtschaft. Entgegen der Marxschen Ansicht, dass die Wirtschaft Grundlage von allem sei, wird selbst für die Kommunisten offensichtlich, dass die Technologie noch wichtiger als die Ideologie ist und eine andere Betrachtungsweise bewirkt. Diese enorme Veränderung ist ein großer Sieg der Technologie. Es gilt, wenn auch in unterschiedlichem Maße, für alle Länder, für China und Russland, für Indien wie für Lateinamerika. Die Wirtschaft ist weniger eine Wissenschaft an sich, sie beruht auf der Wissenschaft.

Nur korrupte Länder gewähren Terroristen Unterschlupf. Kein demokratisches Land kann Terror hinnehmen oder erlauben. Dies ist grundsätzlich unmöglich. Demokratien dürfen nur von ihren regulären Armeen verteidigt werden. Die Armee, deren Aufgabe es ist, die Demokratie zu schützen, ist ein nicht gewähltes Monopol. Aber: In jeder Demokratie gibt es nur eine Armee, nur ein Gebilde, das mit dieser Rolle betraut ist. Denn wenn man in den nicht-demokratischen Ländern immer mehr Armeen schafft, so gerät man schließlich in eine Situation ohne Armee und ohne Demokratie. Und am Ende ohne Staat. Noch etwas anderes, aus einem ganz anderen Bereich, aber um beim selben Thema zu bleiben: Ich stelle fest (und bin darin bei weitem nicht der Einzige), dass es kein Land gibt, in dem Terrorismus gestattet ist und Frauen nicht diskriminiert würden.

Ob in Iran, im Irak oder anderswo: Terrorismus, Missachtung des Lebens, permanente Verletzungen der Menschenrechte, Diskriminierung der Frauen, alltägliches Morden und allgemeine Lüge gehen einher mit der Abwesenheit von Demokratie.

Eine dritte Überlegung führt mich zu der Bemerkung, dass man zu Beginn dieses dritten Jahrtausends feststellen muss, dass ohne Freiheit, ohne Gleichheit, vor allem Gleichberechtigung, ohne Forschung und ohne Technologie manche Länder dazu verurteilt sind, arm zu bleiben. Man kann hier Saudi-Arabien anführen, ein Land, in dem die demokratischen Mängel zum Himmel schreien und das als reich bezeichnet werden kann. Letzteres ist eine Illusion. Das Land ist ein Paradebeispiel dafür, wie sich gigantische Reichtümer durch allgemeine Korruption verflüchtigen. Bedenken Sie, dass das jährliche Pro-Kopf-Einkommen in diesem Land noch vor zehn Jahren bei 27 000 Dollar lag. Heute liegt es nur noch bei 7000 Dollar. Angesichts dieses drastischen Rückgangs, der noch lange nicht zum Stillstand gekommen ist, bedarf es keiner größeren Demonstration. Man sieht, wie eine ganze Klasse von Menschen ohne Aussicht auf Lohn und Brot und ohne Zukunft entsteht. In einem Land, das manche zu Unrecht für ein Eldorado halten, breiten sich langsam Arbeitslosigkeit und Korruption aus. Erdöl kann keine gesellschaftliche Gestaltung ersetzen. In Saudi-Arabien ist nicht die Politik ausschlaggebend, sondern das Geld, es ist ein Land, das allen Investoren offen steht, einschließlich der obskursten, ich denke dabei an Al-Qaida. Und Skandale folgen auf Skandale. Bis zum gegenwärtigen Eklat.

Ein Planet in Gefahr

Man muss es wieder und wieder sagen. Zahlreiche Gefahren bedrohen den Planeten: Die Korruption ist eine Gefahr, die Verbreitung von Atomwaffen ist gefährlich, die Lagerung von Raketen ist gefährlich, der Terrorismus ist gefährlich. Die größte

Gefahr jedoch und eine schreckliche Bedrohung ist die Kombination all dieser Geißeln. Hätte Hitler die Atombombe besessen, würde Europa heute nicht mehr existieren. Und wenn lange Zeit mit dem Finger auf Saddam Hussein gezeigt wurde, bevor man ihn angriff, so geschah das nicht nur, weil er ein Diktator war, sondern weil die geographische Lage durch die Vielzahl von Raketen und ihrer Reichweite, über die Terroristen verfügen können, keine Bedeutung mehr hat. Niemals in ihrer Geschichte stand die Welt so nahe vor der Gefahr eines globalen Krieges.

Ich möchte betonen, dass ich die Ansichten von Samuel Huntington über den »Kampf der Kulturen« zwischen Okzident und Islam nicht teile. So etwas liegt nicht in der Natur der Dinge. Tatsächlich gibt es einen Zusammenprall innerhalb aller Zivilisationen, nicht einen Konflikt zwischen Zivilisationen. Nehmen Sie zum Beispiel die katholische Welt heute. Viele Dinge haben sich geändert. Das ist nicht das Resultat eines Zusammenpralls mit einer anderen Religion, sondern das einer inneren Entwicklung, einer Revolution innerhalb der Christenheit. Johannes Paul II. ist ein moderner Mensch und hat nichts mit seinen Vorgängern aus früheren Jahrhunderten gemein. Der Papst ist sogar der größte Fachmann für menschliche Beziehungen in der Welt geworden. Er ist gegen den Terror und für den Frieden und kämpft für die Koexistenz mit den anderen Religionen einschließlich des Judentums. Ich bin überzeugt, dass dieser Zusammenprall, diese Konfrontation innerhalb menschlicher Gesellschaften und Gemeinschaften sich auch innerhalb der Staaten ereignen wird, die terroristische Gruppen schützen und derartigen internen Debatten nicht entgehen werden. Denn auch zwischen den Generationen entsteht ein Graben. In Iran erheben sich Frauen und junge Männer und fordern Veränderungen. Dasselbe geschieht bei den Palästinensern, wo derzeit eine äußerst wichtige Debatte zu diesen Themen geführt wird.

Noch ein islamisches Land, in dem die Dinge in Bewegung geraten sind: Pakistan. Ich war zugegebenermaßen sehr überrascht, als Präsident Pervez Musharraf, selbst Muslim, entschieden hat, im Kampf gegen die Taliban in Afghanistan mit den Amerikanern zusammenzuarbeiten. Und auch, als der Premierminister von Malaysia, Dr. Mohammed Mahathir, erklärt hat, er sei ein Gegner von religiösem Terrorismus. Innerhalb der muslimischen Welt zeichnen sich zwei Tendenzen ab, von denen man die eine – in einem groben Schema – als iranisch, die andere als türkisch beeinflusst bezeichnen könnte. Und gerade in der Türkei wurde – auch wenn die wichtigste Partei seit den letzten Wahlen eine Partei mit religiöser Ausrichtung ist – von den Angehörigen der neuen Regierung des Landes klar zum Ausdruck gebracht, dass die unterschiedlichen Auffassungen respektiert werden und die Trennung zwischen der »Kirche« und dem Staat beibehalten wird.

Trotz des gegenwärtigen Aufruhrs bleibe ich optimistisch und bin sicher, dass es in ein paar Jahren im Nahen Osten und in den Beziehungen zu unseren Nachbarn eine bedeutende Veränderung geben, dass es zum Frieden zwischen den Palästinensern und uns kommen wird.

Der Grund für die Bildung des Nordatlantischen Bündnisses war die kommunistisch-sowjetische Bedrohung. Diese Bedrohung ist verschwunden. Und jetzt entdeckt man plötzlich, dass der Nahe Osten gegenwärtig eine der konfliktträchtigsten Regionen der Erde ist. Man stellt fest, dass es in dieser Region und im ganzen Mittelmeerraum eine Ausweitung des schlimmsten religiösen Fanatismus gibt, eine beispiellose anarchische Verbreitung moderner Waffen, außerdem Diktaturen, die sich behaupten, und eine immer umfassendere und breiter gestreute Korruption. Würde es sich dabei – wie es gelegentlich in der Vergangenheit der Fall war – nur um ein regionales Phänomen handeln, hätte die demokratische Welt vermutlich die Dinge gelassen, wie sie sind, wie man Afrika sich selbst überlassen hat, aber diese Seuche verbreitet sich über die ganze Welt. Der Terrorismus, die Drohung, nicht-konventionelle Waffen einzusetzen, die grassierende Korruption, die Destabilisierung des Ölmarktes, der Beginn einer Auseinandersetzung zwischen den Religionen – das alles hat die Demokratien zum Handeln gezwungen. Man hat keine andere Wahl, als ein neues Bündnis zu bilden, um den Nahen Osten voranzubringen. An diesem Bündnis sollten sicher die Amerikaner beteiligt sein, natürlich die Europäer, aber auch die Russen und möglicherweise die Chinesen und Inder. Es sollte zwei Ziele haben: den Terrorismus zu stoppen und den Nahen Osten nach europäischem Muster wiederaufzubauen. Zu diesem Zweck würden alle modernen wirtschaftlichen Mittel, alle Spitzentechniken verwendet, Schranken aufgehoben und eine allgemeine Zusammenarbeit eingeführt. Das erfordert hohe Investitionen sowohl wirtschaftlicher wie militärischer Art, die einen, um den Terror zu beenden, und die anderen, um den Kampf um eine Veränderung aufzunehmen.

Dementsprechend werden wir uns drei Problemen gegenübersehen: an erster Stelle steht die äußerst heikle religiöse Frage. Dann das Erdöl: Man darf nicht vergessen, dass der Nahe Osten die Region mit den größten Ölvorkommen auf der Welt ist und dass die Ölversorgung ein neuralgischer Punkt für die europäischen Staaten und Nordamerika ist. Eine zu starke Erhöhung des Ölpreises würde diese Regionen destabilisieren. Das dritte schließlich ist der israelisch-palästinensische Konflikt, der die arabische Welt destabilisiert. Wenn ich von der arabischen Welt spreche, so meine ich nicht ein kohärentes Gebilde. In Wirklichkeit gibt es diese arabische Welt nicht, bislang hat nur die Unterstützung der Palästinenser vordergründig für eine scheinbare Einheit gesorgt. Diese vermeintliche Einheit ist nur eine Illusion. In dem Maße, wie der Westen und die Russen begreifen, dass sie über Mittel verfügen, um in dem Konflikt Einfluss zu nehmen, wird ihre Einmischung immer leichter möglich und einleuchtender. Es geht nicht darum, eine Front gegen die arabisch-muslimische Welt aufzubauen. Das einzige Ziel ist es, Frieden und Stabilität im Nahen Osten zu gewährleisten. Da keinerlei Aussicht besteht, dass Israel das Programm der Palästinenser akzeptieren könnte, und ebenso wenig Aussicht besteht, dass die Palästinenser das Programm der Israelis akzeptieren, bietet sich als einzige Vorgehensweise, zum Frieden zu gelangen, ein internationaler Schiedsvertrag, wie man ihn in den Vorschlägen des Nahost-Quartetts findet. Das Nahost-Quartett besteht aus den Vereinigten Staaten, der Europäischen Union, Russland und den Vereinten Nationen. Seit dem Sommer 2002 hat es eine Regelung für den israelisch-palästinensischen Konflikt erarbeitet. Die so genannte »Roadmap«, die geheim bleiben sollte, wurde am 15. September 2002 von der New York Times veröffentlicht. Der Zeitplan sieht drei Phasen vor und soll es ermöglichen, bis 2005 zu einer endgültigen Regelung zu kommen. Die erste Etappe besteht in einer politischen Reform auf palästinensischer Seite und einem vollständigen Stopp der Kampfhandlungen. Am 25. Mai 2003 wurde die »Roadmap« von der Regierung Scharon mit 12 zu 7 Stimmen bei vier Enthaltungen angenommen.

Für einen palästinensischen Staat

Etwas ist vergleichsweise neu in der Welt: Die Einhelligkeit, mit der weltweit die Schaffung eines palästinensischen Staates begrüßt wird, auch in Israel, wo sich eine Mehrheit von Bürgern, sogar innerhalb des Likud, in diesem Sinne ausgesprochen hat. Diese beachtliche Entwicklung des rechten Lagers ist meiner

Ansicht nach ein unbestreitbares Ergebnis der Beteiligung unserer Arbeitspartei an der Koalition der nationalen Einheit. Auch wenn manche denken, diese große Koalition sei bisweilen unheilvoll für uns gewesen, war sie unter bestimmten Aspekten doch nützlich. Wir haben ein ungefähres Bild vom Frieden zwischen den Palästinensern und uns, ein Bild, das nur wenig verändert werden kann. Das Problem ist das Friedensklima, nicht so sehr der Friedensplanplan – ein Klima, das gegenwärtig vergiftet ist. Es ist unabdingbar, dass auf beiden Seiten Menschen mit gutem Willen auftreten. Und wenn es uns gelingt, den Nahen Osten zu demokratisieren und zu modernisieren, so wird das auch die muslimischen Positionen in der Welt beeinflussen. Dies darf weder durch Gewalt noch durch Angriffe gegen die Religion geschehen, sondern muss durch Investitionen in die Hochtechnologie erfolgen, die den Weg zur Demokratie zu öffnen vermögen. Es ist nicht umgekehrt, wie manche glauben: dass die Demokratie allein in der Lage wäre, den Weg zu einer modernen Wirtschaft zu bahnen. Wenn man bedenkt, was heute in Europa und der ganzen Welt geschieht, wird man sich bewusst, dass man die politischen Probleme nicht mehr politisch lösen kann. Wirtschaftliche Lösungen sind unabdingbar. Es war die Wirtschaft, die zu den großen politischen Umwälzungen der modernen Zeit wie etwa zur erweiterten Europäischen Union oder auch zu neuen Lebensweisen in China, Indien oder Lateinamerika geführt hat. Im Grunde in der ganzen Welt. Im bewaffneten Nahostkonflikt, der von dramatischer Feindseligkeit geprägt ist, muss man das Feuer mit der Zeit völlig zum Erlöschen bringen. Und schließlich, als dritter Punkt, das Problem der Umwelt, der Ökologie, welches nicht nur ein physisches, sondern auch ein soziales Problem ist. Ja, eher noch ein soziales als ein physisches. Da sieht man die Vertreter der Industrieländer, die sich an die Regierenden der armen Länder wenden und sie auffordern, mit dem Abholzen ihrer Wälder aufzuhören:

»Durch Ihre anarchische Zerstörung der Bäume sind Sie dabei, das Klima der Erde zu zerstören!«, sagen sie. Und die Regierenden der armen Länder erwidern: »Sie sind ja sehr aufmerksam, meine Herren, aber jeder ist sich selbst der Nächste. Was uns betrifft, so stellen wir fest, dass unsere Mägen leer sind, dass wir Hunger haben und wir ohne den Verkauf der Hölzer, die wir zuschneiden, elend sterben werden. Wer guten Rat erteilt, muss nicht bezahlen! Der Kampf, den wir gegen Armut führen, scheint uns wichtiger als der Schutz ›Ihres‹ Klimas. Sie haben uns den Wohlstand, der aus der wirtschaftlichen Entwicklung hervorgegangen ist, vorenthalten. Sie subventionieren Ihre eigenen Wirtschaftssysteme. Die europäische Landwirtschaft kommt in den Genuss jährlicher Hilfen in Höhe von fünfzig Milliarden Dollar. Tun Sie doch dasselbe mit uns und erlauben Sie uns auf diese Weise, konkurrenzfähig zu sein!«

Dabei denke ich natürlich an den afrikanischen Kontinent. Manche glauben, man könne Afrika ignorieren, seine Probleme seien nicht wichtig. Das ist ein großer Fehler. Denn heute wird uns klar, dass arme, unterentwickelte Länder zu einer militärischen und terroristischen Bedrohung werden können. Die Wirtschaft der armen Länder kann leider ebenfalls ausgenutzt werden, und es ist ganz leicht, Diamanten in Drogen zu verwandeln. Nein, man darf Afrika nicht den Rücken zuwenden.

Welche Zukunft für die arabischen Länder?

Nehmen Sie zum Beispiel den Irak. Alle Hoffnungen sind hier künftig berechtigt. Sie können sich vorstellen, was für neue Perspektiven es für den Nahen Osten gäbe, wenn das Land sich vollständig verändern würde! Saudi-Arabiens Zukunft wiederum ist nicht klar. Interne Konflikte zerrütten unaufhörlich das Land. Die Reichen lassen ihre Kinder an den Universitäten Westeuropas ausbilden, während die Ärmeren sich damit begnügen müssen, ihren Nachwuchs in die Medersas, die Koranschulen, zu schicken. Damit sind zwei verschiedene Generationen entstanden: eine, die nach Westen orientiert ist, und eine, die orientalisch geblieben ist. Wenn ich von den »Ärmeren« spreche, so ist das natürlich relativ, es handelt sich um Menschen, die anderswo als wohlhabend angesehen würden. Aber ich stelle fest, dass die Medersas zugenommen haben. Saudi-Arabien hat übrigens auf der ganzen Welt religiöse Muslimschulen erbauen lassen. Schulen, in denen moderner wissenschaftlicher Unterricht ausgeschlossen ist.

Sicher, wir sind nicht vor der unüberlegten Tat eines skrupellosen Staatschefs oder eines wirklichkeitsfremden Diktators geschützt, und ich weiß, dass es im Vorderen Orient stets mit den Regierenden, nicht mit den Völkern Probleme gab. Die Nanotechnologie, von der ich weiter oben gesprochen habe, könnte natürlich in guter wie schlechter Absicht verwendet werden. Aber die Nanotechnologie hat dieselbe Logik wie die Atombomben. Während letztere zum Zerstören geschaffen wurden, wird erstere zur Entwicklung dienen. Die Herstellung einer Atombombe basiert auf dem Prinzip eines Zusammenpralls von zwei Arten von Teilchen, der Kernfusion. Die Nanotechnologie hingegen besteht darin, die Teilchen unterschiedlich zu mischen, die Beziehungen, die sie steuern, zu verändern. Und dieselbe Kraft, dieselbe Energie kann dazu verwendet werden, zu erschaffen, anstatt zu zerstören, indem man, wie bei den Atomen und Molekülen, neue Anordnungen vornimmt. Dies müsste weltweit erfolgen.

Glücklicherweise sind es immer die Demokratien, die die Entwicklung voranbringen. Denn dort hatte das Unterrichtswesen und ganz besonders das höhere Unterrichtswesen schon immer ein höheres Niveau und war von besserer Qualität. Sicher, nichts wird die Terroristen hindern, die Nanotechnologie zu verwenden, aber die Ersten, die sie entdecken, von ihren Ergebnissen profitieren und Nutzen aus ihr ziehen, werden die Demokratien sein.

Bin Laden oder der privatisierte Terrorismus

All das ist auf dem Weg. Das größte Problem dabei bleibt, dass alle wirtschaftlichen, strategischen und politischen Fragen, die sich einem Land stellen, globale Antworten erhalten, die Regierungen aber nationale Regierungen geblieben sind. Es gibt einen Widerspruch zwischen den Interessen der Regierungen und der Behandlung dieser Angelegenheiten. Man hat solche Widersprüche auf wirtschaftlicher Ebene mit Privatisierungen, mit der Einführung von internationalen privaten Unternehmen zu überwinden versucht, was zeigt, dass eine nationale Regierung internationale Gebilde tolerieren kann. Was die Wirtschaft betrifft, stimmt das also. Im Bereich des Militärischen ist es praktisch unmöglich, außer beim Terrorismus. Bin Laden verkörpert die Privatisierung der Strategie. Aber um Bin Laden zu bekämpfen, braucht man ein Kollektiv, ein globales Bündnis. Man hat versucht, einen Internationalen Gerichtshof einzurichten. Aber was könnte der gegen Terroristen ausrichten?

Die ganze Welt wird von Partikularinteressen zerrissen, aber die Welt kann sich auch dank einer gemeinsamen Vision einen. Ich verstehe, dass es gegensätzliche Interessen und Zerrissenheit gibt. Aber es wäre zweckmäßig, nach einer globalen Vision zu suchen. Das ist das einzige Ziel, um Hoffnung zu verbreiten und Individuen wie Völker zu einen. Ich will die Wahrheit sagen: Ich interessiere mich nicht allzu sehr für die Vergangenheit oder die Weisheit, so wie sie von den Philosophen begriffen wird. Was mich betrifft, so habe ich in dieser unruhigen und äußerst komplexen Welt versucht, etwas zu suchen und zu finden, das Türen öffnen könnte. In diesem Geiste bin ich zu der Erkenntnis gelangt, dass Kreativität wichtiger ist als Erinnerung. Den meisten Menschen ist die Erinnerung lieber als das Nachdenken. In Wirklichkeit zeigt das, was man gemeinhin Erinnerung nennt, eher Verwandtschaft mit dem Vergessen. Denn man neigt dazu, die Dinge, die man nicht gemocht hat oder die man nicht mag, zu vergessen. Die Geschichte ist die Geschichte von Menschen, die mächtig und mit sich zufrieden waren. Es ist nicht die des menschlichen Leids.

Wer schreibt Geschichte?

Vergessen wir nicht, dass die Geschichte von den Starken und Reichen geschrieben wurde. Die Armen hatten bei der Abfassung der Geschichte fast nicht mitzureden. Die Bibel, die, wie Sie wissen, von Geschichten wimmelt, erzählt zwei Versionen des Kampfs zwischen David und Goliath. In der ersten Version hat David Goliath getötet. Das ist das berühmte Abenteuer mit dem geschleuderten Stein, der den Riesen mitten auf die Stirn trifft. Eine andere, prosaischere Version erzählt uns, dass in Wirklichkeit ein Offizier der königlichen Armee den tödlichen Schlag gegen den Koloss geführt habe. Wenn Sie mich nach meiner Ansicht zu dieser Angelegenheit fragen, so hätte ich Schwierigkeiten, Ihnen zu antworten – aber ich muss darauf hinweisen, dass die Geschichte von David wahrscheinlich von seinem eigenen Sprecher geschrieben wurde. Ein König hat einen Sprecher, aber ein einfacher Offizier hat keinen. So ist der Gang der Welt. So ist der Gang der Geschichte. Ich bin nicht blind, und ich weiß, dass es viele Probleme, Konflikte, Unholde und Mörder gibt, aber in der Hoffnung, stärker zu einen als zu trennen, versuche ich, möglichst das Positive zu suchen.

Davon unabhängig, wird die Welt von morgen eine Welt des Zweikampfs sein. Die nationalen Kulturen, die ererbten Kulturen, werden mit der globalen Kultur in Kontakt kommen, einer Kultur der Verschmelzung. In naher Zukunft wird jedes Kind mindestens zwei Sprachen fließend sprechen müssen: die Sprache seines Landes und die Sprache der Informationstechnik. In diesem Epos der Zukunft hat die jüdische Welt große Chancen, gut platziert zu sein. Denn im Laufe der Jahrtausende hat das Judentum niemals gedacht, die Geschichte sei Wiederholung. Für das Judentum ist die Geschichte ein ewiger Wandel, eine unaufhörliche Veränderung. Alles in allem war das Judentum stets ein Instrument der Veränderung, ein Träger der Revolte.

Das Judentum ist ewig auf der Hut. Tag und Nacht. Unter allen Umständen. Gustave Flaubert war es, der sehr scharfsinnig bemerkte, dass es hinsichtlich ihrer Aufgabe auf dieser Erde einen wesentlichen Unterschied zwischen Gott und den Menschen gebe. Er ist verantwortlich für den Anfang und das Ende der Geschichte. Sie sind verantwortlich für die Phase dazwischen, eine Phase, in der es unaufhörlich Dinge zu tun, eine Welt zu errichten gilt.

Ich sage das, weil zwischen uns und den Palästinensern eine interessante Situation Gestalt anzunehmen beginnt. Wir sind uns über die Zukunft einig, aber es fällt uns schwer, uns von den Fesseln der Vergangenheit frei zu machen. Ein gutes Beispiel dafür sind unsere persönlichen Beziehungen zu Jassir Arafat und anderen Führungspersönlichkeiten. Ich stimme mit Mary McCarthy überein, die gesagt hat: »Ich bin reif genug, um zu verstehen, dass die Menschen ebenso wichtig sind wie die Ideen.«

Das Geheimnis Arafat

In seinem heruntergekommenen Hauptquartier in der Mukata von Ramallah ist der Chef der Palästinensischen Autonomiebehörde noch immer isoliert. Machtlos, aber präsent. Jassir Arafat. Welch eine sonderbare und unberechenbare Persönlichkeit! Der Ort und das Jahr seiner Geburt verlieren sich im Dunkeln. Was sollen wir nur künftig mit ihm anfangen?

Ich werde gelegentlich gefragt, seit wann ich Arafat kenne. Nun, ich hatte schon häufig mit ihm telefoniert, als ich ihn schließlich nach dem Oslo-Abkommen bei einem Festakt in der UNESCO persönlich kennen lernte. Schon bei diesem ersten Kontakt fiel mir auf, dass sich die Kommunikation mit ihm schwierig gestaltete. Er spricht ein stockendes, nicht sehr korrektes Englisch. Man nennt ihn unsympathisch. Diese Meinung teile ich nicht, auf mich macht er einen höflichen Eindruck. Wenn man ihm gegenübersteht, hat man nicht das Gefühl, den »großen Terroristen« vor sich zu haben, als den ihn viele darstellen wollen. Ich weiß, dass er recht brutal sein kann, aber wie alle arabischen Staatsoberhäupter möchte er anderen das Bild eines großen Anführers der Gläubigen vermitteln, eines großes Propheten, eines bedeutenden Präsidenten, kurzum – eines Harun al-Raschid, jenes legendären Kalifen aus Tausendundeiner Nacht. Ein amüsantes Detail am Rande: Er liebt Gefühlsäußerungen, den körperlichen Kontakt. Er umarmt Menschen gerne. Ich bin immer wieder mit ihm aneinander geraten, gerade weil er ein so höflicher Mensch ist, und wenn wir uns irgendwo begegnet sind, vor der Tür eines Festsaals oder Salons, forderte er mich unweigerlich auf Französisch auf: »Nach dir, nach Ihnen, bitte …« Und ich entgegnete jedes Mal: »Aber nein, nein, Monsieur Arafat, nach Ihnen!« Doch er gab nie nach: »Keinesfalls, bitte, nach Ihnen …« Die Umstehenden wunderten sich über diesen Austausch von Höflichkeiten, bei dem es um nichts weiter ging als um die Frage, ob der Israeli oder der Palästinenser zuerst den Saal betreten sollte.

Aus politischer Sicht hat mich vor allem verwundert, wie stark ihn Europa, und vor allem die Sozialistische Internationale, beeinflusst hat. Dabei denke ich an den österreichischen Kanzler Bruno Kreisky, an Olof Palme oder auch Willy Brandt, die mit ihm zahlreiche Diskussionen geführt haben und gute Beziehungen zu ihm unterhielten. Ich, der ich seit 25 Jahren der Sozialistischen Internationale angehöre, kann bezeugen, mit welcher Beharrlichkeit ein Staatsmann wie Bruno Kreisky mich jahrelang zum Thema Arafat beschwor: »Shimon, du hast Unrecht. Dieser Mann will den Frieden. Er ist ein Mensch, der klassische Musik schätzt, der Kinder liebt.«

Die unmögliche Begegnung

Dazu fällt mir eine Anekdote ein. Ich hielt mich einmal in den siebziger Jahren zur selben Zeit wie Arafat in Begleitung von Olof Palme und Willy Brandt im Senegal auf, einem Land, zu dem wir keine diplomatischen Beziehungen unterhielten, in dem nun aber die Konferenz der Sozialistischen Internationale stattfand, zu der ich eingeladen war. Damals war Léopold Sédar Senghor Präsident des Senegal, und er hatte mir erklärt, auch wenn Israel und der Senegal keine diplomatischen Beziehungen unterhielten, sei ich sein Gast. Am Flugplatz der Hauptstadt Dakar angelangt, stellte ich fest, dass mich die gesamte senegalesische Regierung mitsamt dem Präsidenten erwartete. Doch als Vertreter einer nicht gerade wohlhabenden Partei, der israelischen Arbeitspartei, reiste ich in der Economy Class. Man erwartete mich jedoch am Ausstieg für die Passagiere der ersten Klasse.

Sie können sich die Szene vorstellen und die Aufregung der Funktionäre, die mich von der anderen Seite des Flugzeugs holen mussten! Präsident Senghor nahm sich sofort meiner an: »Shimon, kommen Sie mit mir. Sie sind mein Gast. Sie wohnen in meinem Palast.« Also folgte ich ihm, und in seiner Limousine sagte er Folgendes zu mir: »Mein lieber Freund, hören Sie, uns bietet sich eine außergewöhnliche Chance. Vierzig Kilometer von hier hält sich Arafat in einer senegalesischen Stadt auf. Warum machen wir nicht einen kleinen Umweg und begrüßen ihn gemeinsam? Sie könnten mit ihm sprechen.« Ich antwortete ihm auf der Stelle: »Herr Präsident, darf ich Ihnen sagen, dass für mich diese Reise in ein Land, zu dem wir keine diplomatischen Beziehungen unterhalten, schon heikel genug ist. Viele Menschen in Israel kritisieren mich deswegen. Ich habe einen Rückflug gebucht. Bitte lassen Sie mir die Möglichkeit, friedlich nach Hause zurückzukehren. Wenn ich Arafat treffe und sich das herumspricht, habe ich Bedenken, ob ich mit heiler Haut zu Hause ankomme. Außerdem kann man nie wissen, ob nicht gerade in diesem Augenblick ein Terroranschlag verübt wird!« Der senegalesische Präsident ließ die Idee fallen, und ich traf Arafat nicht im Senegal. Wieder zu Hause, es war ein Sonntag, das weiß ich noch genau, hörte ich von einem terroristischen Attentat in Naharia, einem Küstenort im Norden Israels.

Ein palästinesisches Kommando entführte einen Israeli und seine beiden Kinder und tötete sie auf besonders grausame Weise mit Steinwürfen. Meine Ahnung hatte mich nicht getrogen. Stellen Sie sich vor, ich hätte den Vorschlag des senegalesi schen Präsidenten aufgegriffen und im selben Moment, da dieser palästinensische Terrorist seine Untat verübte, hätte die Presse einen Bericht über mein Treffen mit Arafat veröffentlicht – wie hätte man mich dann empfangen! Meinen Freunden von der Sozialistischen Internationale, Palme, Kreisky, Brandt und den anderen, habe ich übrigens geantwortet: »Ihr versichert mir, dass Arafat ein Demokrat und Sozialist ist; veranlasst ihn also, als erstes den Terrorismus abzuschaffen. Demokratie und Sozialismus vertragen sich nicht mit diesen Methoden.«

Seither hatte ich natürlich mehrfach Gelegenheit, Arafat zu treffen. Wir haben uns viel unterhalten. Ich muss zugeben, dass er einen großartigen Sinn für Humor hat. Ihm ist sein Image sehr wichtig.

Doch ich beurteile seine Handlungen nach ihrem Wert. Es ist ihm gelungen, als Palästinenserführer auf die Bühne der Weltpolitik zu gelangen, es ist ihm gelungen, die Palästinenserfrage international zum Gesprächsgegenstand zu machen, obwohl er nicht einmal über eine Armee verfügt. Und das seit dreißig Jahren. Aber ich glaube, wenn er eine politische Partei hätte gründen können, anstatt etwas, das man als Militärorganisation betrachten muss, hätte er sein Ansehen enorm steigern können. Das war ein großer Misserfolg.

Ich vergesse nicht, dass er immerhin einer terroristischen Vereinigung angehörte, und zwar zur Zeit des Großmufti von Jerusalem, der mit Hitler paktierte und dessen Appell an die Palästinenser, während des israelischen Unabhängigkeitskriegs ihr Land zu verlassen und nach der Niederlage der Juden wiederzukommen, für diese katastrophale Folgen hatte. Nicht anders war es zur Zeit Achmed Schukeiris, seines Vorgängers, der die PLO bei ihrer Gründung 1964 anführte.

Ich frage mich seit einiger Zeit, was mit Arafat los ist. Er hat zweifelsohne in Oslo mit Wagemut drei große Schritte getan, die kein Palästinenser vor ihm gegangen wäre: Er hat öffentlich Israel und seine Sicherheitsinteressen anerkannt, er hat dem Terrorismus abgeschworen, und er hat schließlich die Grenzen von 1967 anerkannt. Das war aus seiner Sicht ein großer Kompromiss. Wenn er auf den Grenzen von 1947 – nach dem Teilungsbeschluss der UN-Vollversammlung – bestanden hätte, hätte er keine Chance gehabt, mit den Israelis zu einer Einigung zu gelangen. Vergessen wir nicht, dass die Palästinenser 1947 über 55 Prozent der Fläche Palästinas verfügten, 1967 dagegen nur noch über 22 Prozent. Das macht einen großen Unterschied.

Die notwendige Entschlusskraft

Der größte Vorwurf, den man Arafat machen kann, ist, dass er keine rechte Entschlossenheit bewies und den Aufstieg vom Führer einer »revolutionären« Organisation zum Staatschef nicht schaffte. Das sind in der Tat zwei völlig unterschiedliche Aufgaben. Als Arafat an der Spitze seiner Organisation stand, handelte es sich, das darf man nicht vergessen, um einen Zusammenschluss bewaffneter politischer Gruppierungen. In einem Rechtsstaat hat ein solches Konglomerat bewaffneter Einheiten keinen Platz. Innerhalb eines Staates sind allein politische Parteien im engeren Sinne zugelassen. Arafat ist letzten Endes ein Opfer der Strukturen seiner Organisation geworden, die sich nach der geplanten Autonomie der besetzten Gebiete nicht anpassen und wandeln konnten. Und anstatt dem Islamischen Djihad und der Hamas unmissverständlich den Kampf anzusagen und sie zu entwaffnen, hat er bis heute immer weiter taktiert und sich schließlich in eine unmögliche Situation manövriert, weil er seine Waffen nicht gegen sie einsetzen will. Aus diesem Grund sieht man sich einem lebensgefährlichen Paradoxon gegenüber: Arafat distanziert sich offiziell vom Terrorismus,

während die Hamas und der Djihad gleichzeitig ihre Terroran-
schläge mit immer größerer Brutalität verüben. Folglich können
die beiden extremistischen Organisationen mit Fug und Recht
großspurig verkünden, nicht Arafat treffe die Entscheidungen
und stelle die Regeln auf, sondern sie, denn mit einer Bombe
pro Woche seien sie die Herren der Lage und bestimmten über
die politische Tagesordnung, die militärischen Entscheidungen
und den Fortgang der Verhandlungen. Ich erinnere mich an
eine Begegnung mit Nelson Mandela. Im Verlauf des Gesprächs
fragte mich der berühmte Südafrikaner: »Shimon, was ist denn
mit Jassir Arafat?« Und ich antwortete ihm: »Die Sache ist klar.
Wenn Arafat getan hätte, was Sie den Mut hatten zu tun, wären
die Probleme aus der Welt geschafft. Sie standen an der Spitze
einer Protestbewegung, die, wie ich ehrlicherweise nicht ver-
schweigen darf, Gewalt angewandt hat, die aber, als ihre Forderungen zu einem Ergebnis geführt hatten und sich eine politische Lösung anbot, eine neue Stufe erklomm, die der Staats-
macht mit verantwortungsbewussten Politikern an der Spitze.
Dadurch haben Sie nichts von Ihrem Prestige, ihrem Einfluss
und ihrer Macht verloren. Im Gegenteil: Heute genießen Sie
mehr Respekt denn je. Würde Arafat ebenso handeln, hätte er
viel weniger Probleme, und die Palästinenser würden davon
profitieren.«

Ich kenne Arafat ziemlich gut. Ich weiß, wie er reagiert. Als ich
nach der Ermordung von Jizchak Rabin im November 1995 das
Amt des israelischen Ministerpräsidenten übernahm, traf ich
Entscheidungen, die viele Risiken bargen, weil ich mit den Pa-
lästinensern zu einer Verständigung gelangen wollte. Das Oslo-
Abkommen sah die Rückgabe von etwa vierhundertfünfzig
Dörfern und sechs Städten vor. Ich habe dies allen Schwierigkei-
ten zum Trotz in die Tat umgesetzt. Man hat mich gebeten, freie
Wahlen abhalten zu dürfen. Ich habe ja gesagt. Man hat Wahlen

in Jerusalem vorgeschlagen zu einem Zeitpunkt, an dem solche Zugeständnisse absolut nicht populär waren. Wieder habe ich eine neuartige Lösung gefunden, um auf ihre Wünsche einzugehen. Und fast unmittelbar nach dieser Zusammenkunft überschwemmt eine Welle terroristischer Anschläge von beispielloser Gewalt Israel. Jerusalem ist voller Blut, Tel-Aviv in Trauer, Aschkelon gemetzelt. Auch der Norden des Landes wird nicht verschont. Fassungslos und entsetzt rufe ich Arafat an: »Was ist denn los? Ist das die Vergeltung für unsere schmerzlichen Zugeständnisse? Ihre Haltung ist einfach skandalös! Ist Ihnen bewusst, dass wir nur wenige Wochen vor den Wahlen stehen?« Und er antwortet: »Ich werde mit der Hamas reden.« Leere Worte. Dabei weiß jeder, dass man mit Worten allein die Chefs terroristischer Organisationen nicht beeindrucken kann. Worte – während wir der sicheren Niederlage entgegengingen. Schließlich wurde ihm wohl das Ausmaß der Katastrophe klar, die sich abzeichnete, wenn unsere Bemühungen so offenkundig scheitern würden, und er unternahm etwas. Ungefähr zwanzig Hamas-Führer wurden erschossen, Waffen beschlagnahmt. Aber das reichte nicht aus, und meine Partei verlor die Wahlen mit 0,33 Prozent Rückstand, ein paar Tausend Stimmen. Zu spät! Die palästinensische Reaktion kam zu spät. Und alle lächerlichen Maßnahmen, die Arafat schließlich noch ergriff, konnten nicht verhindern, dass Benjamin Netanjahu mich ablöste. Am 29. Mai 1996 ergriff er die Zügel der Macht. Hätte Arafat nicht gezögert, hätte er dieselben Maßnahmen zwei Monate vorher durchgeführt, wäre die Geschichte der Region anders verlaufen.

Künftig werden die Probleme des Nahen Ostens dieselben sein, vor denen die ganze Welt steht: Der Kampf gegen den Terrorismus ist keine spezifisch israelische Angelegenheit. Er geht alle etwas an. Der Terrorismus ist der Grund für die Schaffung des Nahost-Quartetts, das gegenwärtig als dritte Kraft nach einer Lösung des Nahostkonflikts sucht. Seine Mitglieder wenden sich an uns, an Palästinenser und Israelis, und stellen einige sehr präzise Forderungen. Denn ihrer Vorstellung nach kann man gegen den Terrorismus kämpfen, indem man die Demokratie stärkt. Von den Palästinensern fordert das Quartett ausdrücklich, dass sie klare und unmissverständliche Aussagen machen.

Sie brauchen einen und nur einen Repräsentanten und müssen mit einer Stimme sprechen. Die Existenz einer Vielzahl von bewaffneten palästinensischen Gruppen mit divergierenden Zielen bremst die Friedensbemühungen. Erforderlich ist ebenfalls, hat ihnen das Quartett erklärt, dass ihre politische Vertretung im Finanzwesen absolute Transparenz walten lässt. Ihr politisches System muss sich auf eine demokratische Gewaltenteilung zubewegen. Im Unterschied zu den anderen Quartett-Mitgliedern wollen die USA zusätzlich, dass Arafat von der politischen Szene verschwindet. Die Europäer schließen sich diesem Wunsch gerne an. Es ist unmöglich, einen palästinensischen Staat ohne finanzielle Hilfe von außen und ohne Legitimierung im Innern zu schaffen. Nun haben die mörderischen Attacken von Djihad und Hamas dazu geführt, dass Arafats Prestige und Glaubwürdigkeit gesunken sind, und zwar in den Augen der USA, aber auch Europas. Deshalb kann man jetzt auf die Palästinenser einwirken und ihnen Kompromisse nahe legen. Israel andererseits muss verstehen und akzeptieren, dass der Kampf gegen den Terrorismus internationaler Anstrengungen bedarf und nicht nur den hebräischen Staat betrifft. Und da wir heute drei Akteure, drei Beteiligte sind – Israelis, Palästinenser und das Quartett –, gehe ich vom Grundsatz Metternichs aus, wonach es in unserem eigenen Interesse liegt, einer von zwei Partnern zu sein und nicht allein einem Gegner gegenüberzustehen.

Wir müssen aber Hand in Hand zusammenarbeiten, um unseren Beitrag zur Entstehung eines demokratischen Systems bei unseren Nachbarn zu leisten. Alles in unserer Region geschieht, als sei sie ein Miniaturmodell für die Fragen, die sich heute der ganzen Welt stellen.

Als ich Arafat wiedersah, nachdem ich die Führung des Landes an Benjamin Netanjahu übergeben hatte, wies er all meine Klagen zurück und erklärte, meine Niederlage bei den Wahlen sei nicht im Mindesten seine Schuld. Er habe damals das Gefühl gehabt, dass ich durch den Druck, den ich auf ihn ausübte, die palästinensische Welt habe spalten und ihn dazu drängen wollen, einen Kampf gegen die Hamas zu führen. Meines Erachtens kämpft Arafat heute nicht nur um sein Überleben, sondern auch um seine Macht. Unter den Palästinensern hat ein neuer Kampf begonnen. Da in der palästinensischen Führung, die unbestreitbar einen großen Erneuerungsbedarf hat, vielleicht ein neuer Wind weht. Und davon würde zweifellos auch Israel profitieren.

Einige Beobachter meinen, Arafat sei in korrupte Machenschaften verstrickt. Ich halte ihn persönlich nicht für korrupt. Doch in gewisser Weise hat er seine engsten Vertrauten dazu angestiftet. Denn in einer Geheimorganisation, wie wir sie hier vor uns haben, sind Schmiergelder und kursierende geheimnisvolle Kuverts oder auch Geheimfonds gang und gäbe. Aus genau diesem Grund wurden auch unter den Palästinensern Stimmen laut, die größere Transparenz verlangten. Arafat, dem ich diese Einwände vortrug, nahm sie mit Humor auf. »Transparenz, Transparenz … Sie wollen doch wohl nicht, dass ich mich in eine Bauchtänzerin verwandle, um Ihnen zu gefallen! Sie erzählen mir ständig etwas von Demokratie. Aber wer hat sich das denn ausgedacht? Sie ist ein komplizierter Begriff.« Man muss allerdings erwähnen, dass mittlerweile Salim Fiyad zum palästinensischen Finanzminister ernannt wurde und begonnen hat, das Finanzsystem in Ordnung zu bringen. Seine bisher gezeigten Qualitäten sind vertrauenerweckend.

Man hört gelegentlich: »Arafat ist ein Terrorist« oder »Arafat – Bin Laden – das ist ein und derselbe Kampf.« Einen solchen Vergleich ziehe ich nicht. Allerdings sind einige Personen in der Umgebung Arafats von übersteigertem Ehrgeiz besessen. Das geht so weit, dass sich der amerikanische Senat dazu veranlasst sah, bestimmte palästinensische Vereinigungen als international operierende Terror-Organisationen anzuprangern.

Ich muss oft an die Diskussionen denken, die vor den letzten Wahlen in Israel etwa wie folgt verliefen: »Arafat hat sich in den Wahlkampf eingemischt. Er will die Wähler beeinflussen. Aber was will er denn nur?« Ich glaube, dass Arafat damals einfach nur das letzte Wort haben wollte. Da viele Israelis erklären, um etwas in Bewegung zu bringen, sei ein Wechsel in der palästinensischen Führung vonnöten, erlaubt er sich die Feststellung, dass sich auch die Haltung der israelischen Führung ändern müsse. Daran ist nichts Unnatürliches oder Gefährliches. Beide Seiten haben verstanden, dass ihr Schicksal von der politischen Linie abhängt, die ihr auf der anderen Seite gegenübersteht. Diese Analyse soll keineswegs unterstellen, dass die Arbeitspartei die Palästinenser um Hilfe gebeten hätte. Eine so unsinnige Vorstellung liegt mir fern. Nein, es war die Entscheidung der Palästinenser. Umgekehrt haben die Palästinenser den Likud nicht um Hilfe gebeten, als es um ihre eigene neue Führung ging. Derartige Mutmaßungen sind falsch. Sie spiegeln nicht die historische Realität des Nahen Ostens, wie sie sich vor unseren Augen abspielt. Man muss sorgfältig die Worte wählen, man muss intellektuelle Unaufrichtigkeit vermeiden. Ich erinnere mich an bestimmte Personen, die mir vorgeworfen haben, dass ich mit Abu Masen sprechen wollte. Er sei doch unser Feind. Feind – wieder so ein abgenutztes Wort. Ist derjenige ein Feind, der in der Presse die Intifada angegriffen hat, den Terror und sogar Arafat? Das glaube ich nicht. Insgesamt halte ich es für völlig normal, dass sich die Palästinenser für unsere Wahlen interessieren, so wie es legitim ist, wenn sich Israelis dafür interessieren, welche Person die Führung der Palästinenser übernimmt. Was sich bei ihnen abspielt, beeinflusst unweigerlich unsere Position und umgekehrt.

Man hat oft den Eindruck, dass Arafat ein einsamer Mann ist. Alle, die ihn umgeben, sind gegen ihn, aber von ihm abhängig. Ihre Bedeutung im politischen Kräftespiel hängt vom Augenblick ab. Heute muss man sicherlich mit Abu Masen rechnen, aber auch mit Abu Ala. Und man darf die Generation von Dahlan und seinen Altersgenossen nicht vergessen. Auch von Barghouti hört man viel. Sein Fall ist ein spezieller, weil er verhaftet wurde und zur Zeit vor Gericht steht. Kaum war er im Gefängnis, da wurde er von den Palästinensern gefeiert. Das ist typisch. Auch Arafat hatte seine Glanzzeit, als sich unsere Kritik auf ihn konzentrierte. So ist es immer. Aber man darf nicht den Eindruck erwecken, als entscheide Israel, wer die Führung der Palästinenser übernimmt.

In Wirklichkeit scheinen im politischen Leben zwei Faktoren von Bedeutung zu sein: das Image und der Charakter. Viele der neuen Politiker legen großen Wert auf das Image. Das ist ein Fehler, denn was zählt, ist der Charakter. Am Anfang der politischen Laufbahn glaubt man, dass es möglich sein wird, Ideen weiterzutragen. Wenig später, in der politischen Praxis, schraubt man die anfänglichen Ansprüche bald herunter. Das ist immer ein Fehler.

Wer wird also morgen Arafat ablösen? Wer wird auf lange Sicht die palästinensische Führungsriege von heute ersetzen? Wer wird den nötigen Einfluss haben, um gegen den Terrorismus zu kämpfen und sich uns gegenüber an den Verhandlungstisch zu setzen? Wenn das Quartett von außen auf den Verlauf der Dinge einwirken und seinen Einfluss geltend machen kann, dann müssen sich im Inneren, in unserer Region, neue Menschen erheben. Man wird mir vielleicht in gewissen Kreisen Leichtgläubigkeit vorwerfen. Aber ich gelte lieber als naiv denn als zynisch und zeige kurz und bündig: auf die Universität. Die Palästinenser verfügen heute über neun Universitäten, an denen um die 60 000 junge Leute studieren. Dort liegt die Lösung. Ich glaube an die Tugend des Wissens. An den Universitäten kann man die moderne Welt entdecken und den Horizont erweitern. Stellen wir uns die Frage: »Wer hat die Revolution in Moskau und anderswo in Gang gesetzt? War es nicht die Generation der Studenten?«

Dieselben Grundsätze gelten für den Nahen Osten, weil der Mensch in allen Breiten derselbe ist. Sicher, hier verlangt die Tradition, dass man immer die Herrschenden respektieren muss – Präsidenten, Könige, Diktatoren. Aber dieses Prinzip wird in nicht allzu langer Zeit der Vergangenheit angehören: Ich nehme eine tief greifende Veränderung wahr, gerade bei den jungen Leuten, die von den Ereignissen schockiert sind, die sie selbst direkt betreffen. Man ahnt das Ende so manch eines alten Regimes voraus.

Es ist etwas Geheimnisvolles um Arafat. Die Gefühle, die er auslöst, sind widersprüchlich. Momentan kann man nichts ohne ihn anfangen, aber auch nichts mit ihm.

Wer sich weigert, sein »Ja« ernst zu nehmen, darf auch sein »Nein« nicht ernst nehmen. Wie viele andere politische Führer hat er seine Schwierigkeiten mit der Realität.

Doch man kann wohl annehmen, dass die gegenwärtige Situation Arafat wie auch die anderen führenden Politiker zu der Einsicht bringen wird, dass der Terrorismus den Palästinensern mindestens ebenso viel Schaden zufügt wie den Israelis. Diese Erkenntnis wird auch die israelische Führung überkommen.

Ariel, Benjamin und die anderen ...

Ariel Scharon, 1928 im Moschaw Kfar Malal geboren, ist ein aus-
gebildeter Soldat. Er hat die legendäre Einheit 101 angeführt und
erwarb sich als General im Jom-Kippur-Krieg hohe Achtung.
1982 war er in die Affäre von Sabra und Schatila verwickelt – das
israelische Militär sah dem Mord an Tausenden palästinensischer Flüchtlinge durch christliche Milizen im Südlibanon ta-
tenlos zu – und musste als Verteidigungsminister zurücktreten.
Was wird Scharon an der Spitze des Staates tun? Wird er uns
weiter enttäuschen? Ich muss zugeben, dass ich von ihm in der
Koalition der nationalen Einheit – dem Zusammengehen von
Likud und Arbeitspartei – viel erwartet habe. Ich wusste, dass er
auf Schwierigkeiten stoßen würde, aber ich hatte auch auf viele
Erfolge gehofft. Die Arbeit mit ihm gestaltete sich recht einfach
und schien ertragreich. Scharon war auf dem Laufenden über
meine Gespräche mit dem Repräsentanten der Palästinenser
Abu Ala. Er war ebenfalls über meine Begegnungen mit anderen
von ihnen informiert. Und er sagte mir, in dieser Angelegenheit
hätte ich ihm gewissermaßen seine Idee gestohlen. Er teile
meine Auffassung über diese Kontakte. Für ihn sei der einzige
Unterschied zwischen uns die Beurteilung des rechten Zeit-
punkts. Um es vorsichtig auszudrücken: Scharon lässt sich Zeit.
Ich bin in seinen Augen ungeduldig. Ich habe ihm gesagt, der
Unterschied zwischen einem Diplomaten und dem Messias sei
das Timing ...!

Scharon verfügt zugegebenermaßen über zahlreiche Qualitäten und hat im Umgang einen gewissen Charme. Aber er ist, wie andere auch, stark von seinen militärischen Erfahrungen geprägt. Er hängt an seinem politischen Lager, wie man an seinem Eintreten für den Erhalt der Siedlungen erkennt. Das sind die beiden wichtigsten Hindernisse, denen er in seiner beruflichen Laufbahn begegnet ist. Ich kann dies ebenso an seiner Einstellung gegenüber Europa und gegenüber den USA beobachten – beides Irrwege. Diese Haltung ergibt sich aus seiner Abneigung gegen Nuancen. Was für ihn zählt, ist die unmittelbare Situation, ist das Erreichen des nahe liegenden Zieles. Konfrontiert mit einer unablässigen Kritik seitens der Weltöffentlichkeit, hat er in seinem fortgeschrittenen Alter nun den Ehrgeiz entwickelt, akzeptiert zu werden. Manchmal sage ich zu ihm: »Arik, glaub mir, ich habe Erfahrung, und ich sage dir, was geschehen wird. Eines Tages wirst du aufwachen und feststellen, dass gar nichts passiert ist. Mein Gott, der Frieden ist nicht gekommen! Zeit wird vergehen. Ein Jahr später wirst du aufwachen und feststellen, dass immer noch nichts passiert ist. Ein drittes Jahr vergeht, immer noch nichts. So ist es, und so wird es immer bleiben, weil es ein Irrtum ist zu glauben, wie du es tust, dass man auf das Ende des Terrors warten muss, bevor man Verhandlungen aufnehmen kann.« So zu handeln ist nicht gut, denn es führt immer wieder dazu, den Terroristen die Initiative zu überlassen, sie die Spielregeln bestimmen und den Verlauf der Dinge diktieren zu lassen. Mit dieser Einstellung sind ihm die tragischen Ereignisse vom 11. September 2001 zugute gekommen, die die Prioritäten verändert haben und die amerikanische Position in eine Richtung gelenkt haben, die für ihn günstig ist. Der Kampf gegen den Terrorismus ist weltweit zum wichtigsten und dringlichsten Ziel geworden. Und Scharon, übrigens unterstützt durch Barak, hat in Israel erfolgreich die Idee vermittelt, dass Arafat die Quelle allen Übels sei, dass mit Arafat alles beginne und ende. Er hat alle einmütig gegen ihn aufgebracht. In Israel gibt es heute viele Bürger, die glauben, dass ohne Arafat alles zum Besten bestellt wäre. Das hindert Scharon jedoch nicht daran, widerstrebend zu erklären, dass er der Errichtung eines Palästinenserstaates positiv gegenüberstehe. So erscheint Scharon heute vielen gemäßigter. Vielleicht. Aber Mäßigung reicht nicht aus. In dieser Sache braucht es eine Revolution, keine Mäßigung! Hätte er vor zehn Jahren gesagt, dass er für die Schaffung eines Palästinenserstaates sei, wäre das tatsächlich eine Sensation gewesen. Heute ist es nur Wortgeklingel. Man muss die wahren Probleme anpacken. Man muss auf revolutionäre Weise – ich wiederhole dieses Wort absichtlich und kenne kein anderes dafür – zu einem Kompromiss mit den Palästinensern gelangen. Man muss möglichst rasch wieder die Gespräche aufnehmen. Denn mit jedem Jahr, das verstreicht, werden die Kosten einer Einigung höher. Ich spreche sowohl von immateriellen als auch von finanziellen Kosten. Und bedauerlicherweise auch von menschlichen Kosten. Gegen Scharon erhebt sich nicht die gegnerische politische Partei – es sind die Gegebenheiten, die realen Verhältnisse. Israel steht nicht zwei politischen Parteien gegenüber oder zwei Vorstellungen davon, wie man ein Land regiert, sondern einer Partei, die mit der Realität konfrontiert ist.

Seit die Rechte an der Macht ist, hat sich die Situation in Israel tiefgreifend gewandelt, vor allem weil man allzu stark auf die Siedlungen gesetzt hat. Ich bin mir nicht sicher, ob der Likud in der Lage ist, dieser Herausforderung zu begegnen. Jede Lösung wird einen hohen Preis haben. Aber es gibt keine Alternative zu einem Rückzug. In Camp David hatten wir im Sommer 2000 eine ausgewogene Lösung ausgearbeitet: Die Zusammenlegung der Mehrzahl der Siedlungen auf drei Prozent der

Autonomiegebiete und den Tausch dieser Fläche gegen einen geographischen Raum gleicher Größe auf dem gegenwärtigen Territorium des Staates Israel. Noch einmal: Es ist Eile geboten, die Dinge müssen geklärt werden, man muss auf revolutionäre Weise handeln. Es ist in einem Land von der Größe Israels fast unmöglich, sich allein gegen den internationalen Terrorismus zu stellen, der, wenn er sich auf den jüdischen Staat konzentriert, dessen völlige Isolierung deutlich machen würde.

Bibi, der ewige Rivale

Man kann nicht über Scharon sprechen, ohne an seinen Rivalen Benjamin Netanjahu zu denken. Mit seinem Willen, die Macht zu ergreifen und sich an die Spitze des Likud zu setzen, hat Netanjahu eine Gelegenheit verpasst.

Die Karriere von Benjamin Netanjahu – sein Debüt als Likud-Vorsitzender 1993, seine Direktwahl als israelischer Ministerpräsident im Mai 1996 wie seine Ablösung drei Jahre später durch Ehud Barak – ist durch ein erstaunliches Umschlagen der Geschichte gekennzeichnet. Hier ist jemand, der auf der Basis eines enormen TV-Erfolgs lanciert wurde und als Opfer desselben Mediensystems, das ihn in den Himmel gehoben hatte, wieder von der Szene verschwunden ist. Heute feiert Netanjahu ein Comeback – als Finanzminister. Meines Erachtens – und ich habe das schon häufig erklärt – ist der Charakter einer Person wesentlich wichtiger als ihr Image. Umso mehr, als dieses Image Gefahr läuft, sich als ein virtuelles zu entpuppen, das nicht mit der Wirklichkeit übereinstimmt. Wer glaubt, es sei ausreichend, stundenlang im Fernsehen aufzutreten und ohne Unterbrechung zu reden, um einen guten Politiker abzugeben, täuscht sich. Die Verfechter einer solchen Strategie werden allenfalls zu Opfern des Fernsehens. Und genau das ist Benjamin Netanjahu geschehen. Das, was einen Menschen zum Fernsehstar macht, macht ihn noch lange nicht zu einem guten Politiker. Ganz abgesehen von dem Verfall an Glaubwürdigkeit, wenn das am Ende herauskommt. Das Fernsehen ist auch Illusion und Traum. Scheinwerfer, Rampenlicht und große Auftritte ersetzen niemals echte und ernsthafte Überzeugungen. Und wenn das Publikum merkt, dass es durch die übertriebenen Künste der Visagisten oder das Know-how der Kommunikationsexperten gefoppt wurde, wird es argwöhnisch, lehnt sich auf und protestiert gegen den irrealen Charakter der Bilder, die man ihm vorgesetzt hat. Es hatte einen Menschen sehen und hören wollen, der ein echtes Herz hat, eine echte Stimme, ein echtes Gesicht. Und hat den Eindruck, stattdessen einen Androiden erlebt zu haben. Umso schmerzhafter war der Absturz für Bibi. Der Kaiser war nackt, der Zauber gebrochen.

Die Geschichte wird festhalten, dass Benjamin Netanjahu viele Fehler gemacht hat. Vor allem den, dass er nie den Charakter seines schärfsten Rivalen innerhalb des Likud, Ariel Scharon, durchschaute, der sehr geschickt agiert.

Barak und seine Irrtümer

Manchmal denke ich: Hätte Barak gegenüber Arafat ein anderes Verhalten an den Tag gelegt, wäre die Entwicklung ganz anders verlaufen. Barak ist geprägt vom Scheitern von Camp David. Nicht, dass er es dem alten PLO-Chef persönlich übel nähme. Das liegt nicht in seiner Persönlichkeit.

Doch es war für ihn eine Niederlage. Später hat er unablässig wiederholt, er habe das wahre Gesicht Arafats gesehen, er sei der erste israelische Politiker, der ihn durchschaut habe. Aber in der Politik gibt es nicht nur persönliche Erwägungen. Das ist nicht seriös. Ich verstehe nicht, warum Arafat lange Zeit ein akzeptabler Partner gewesen ist und es dann plötzlich nicht mehr sein soll und ein vermeintliches Problem darstellt. Nicht er hat sich verändert, sondern die Situation.

Barak wird in die Erinnerung der Israelis und seiner Partei als Mann der Irrtümer eingehen. Ein Irrtum war es natürlich zu verlangen, dass die Palästinenser erklären sollten, sie würden nach Camp David keine weiteren Forderungen mehr stellen. Heute ist man sich leider im Klaren darüber, dass Barak in dem Moment, in dem er diese Forderung stellte, die beiden kompliziertesten, misslichsten und unlösbarsten Themen in die Verhandlungen einbrachte: die Flüchtlinge und Jerusalem. Arafat glaubte sich offensichtlich nicht so weit erniedrigen zu können, um zu erklären: »Ich werde nie wieder etwas fordern« und damit den palästinensischen Flüchtlingen den Rücken zu kehren.

Und der PLO-Chef hat natürlich gleich angefangen, mit Nachdruck über Jerusalem zu sprechen. Ich wollte Barak nicht nachträglich kritisieren müssen und hatte ihn, da ich das alles voraussah, schon lange im Voraus gewarnt: »Tu das nicht!« In der Politik muss man immer zwischen dem Traum und dem unmittelbar Möglichen unterscheiden; Träume fordern einen zu hohen Preis. Man muss stattdessen die Realität verändern.

Noch etwas anderes ist politisch nicht annehmbar: Baraks Einstellung gegenüber Arafat. Das war ein psychologischer Fehler. Barak erwies sich als unfähig, die palästinensischen Empfindlichkeiten zu berücksichtigen. Für die palästinensischen Politiker sind Ansehen, Ehre und Stolz nicht weniger wichtig als ihr reales Land. Barak und Arafat hielten sich zwei Wochen lang am selben Ort auf, in Camp David, und Barak hat nicht mehr als eine halbe Stunde Zeit für ihn gefunden! Arafat ist in dieser Hinsicht sehr empfindlich, weil sein Ansehen auf dem Spiel steht. Moshe Dayan hat mir einmal gesagt, dass für ihn das Ansehen nicht zählt, vor allem nicht das der anderen … Doch das Ansehen, die Einschätzung der anderen ist von Bedeutung.

Das letzte Element: Man darf ein »Nein« von Arafat nie als endgültige Antwort betrachten. Arafat sagt »Nein«. Gut, man verhandelt weiter. Das hätte man auch hier tun müssen. Was ist beim ersten Treffen in Camp David 1978 geschehen? Als Sadat »Nein« sagte und Begin »Nein« sagte, blieb der eigensinnige US-Präsident Jimmy Carter beharrlich. Er hat in Camp David 1 eine ganz wesentliche Rolle gespielt, das darf man nicht vergessen. Er hat das »Nein« beider Seiten nicht akzeptiert, und das war das Geheimnis für den Erfolg der Verhandlungen: Am 17. September 1978 unterzeichneten der ägyptische Präsident Anwar El Sadat, Menachem Begin und Jimmy Carter das Abkommen von Camp David, das Friedensschluss zwischen Ägypten und Israel beinhaltete und Aussagen über das Westjordanland und den Gazastreifen enthielt. Bei schwierigen Verhandlungen darf man dem Gegner nicht den Eindruck vermitteln, dass man in zu vielen Punkten gewonnen hat und dass er verliert. Man muss die wichtigen Verhandlungsthemen mit Bedacht eingrenzen und auswählen.

Wer ist der Schuldigere? Arafat oder Barak? Die Antwort darauf ist müßig; jeder der beiden hat Fehler gemacht. Freilich hat Israel auf Initiative von Ehud Barak einseitig den Südlibanon geräumt, am 24. Mai 2000 verließ der letzte israelische Soldat die 1978 eingerichtete »Sicherheitszone«. Das war eine gute Entscheidung, auch wenn viele arabische Führer im Allgemeinen und palästinensische Politiker im Besonderen lauthals den Sieg verkündeten und erklärten, auf Grund ihres ständigen Drängens habe Israel Schwäche gezeigt, und deshalb sollten sich die Araber auch weiterhin so verhalten.

Man muss jedoch zwischen dem Libanon und Palästina unterscheiden. Wir haben in Bezug auf den Libanon keine territorialen Ansprüche. Wir wollen das libanesische Volk nicht im Mindesten unter unsere Fuchtel bringen oder ihren Politikern unsere Ansichten aufzwingen. Bei den Palästinensern ist das anders, denn wir werden von ihnen als Besatzer wahrgenommen.

Vor dieser schmerzlichen Realität darf man nicht die Augen verschließen, sondern muss sich ihr stellen. Und denjenigen, die meine Haltung ablehnen, die mir vorwerfen, ich wolle ohne jede Gegenleistung Land an die Palästinenser zurückgeben, antworte ich ohne Umschweife: »Diese Rückgabe wird uns befreien, uns Israelis. Nicht der Wunsch, den Palästinensern Gutes zu tun, treibt mich an, sondern die Befreiung der Israelis. Wenn wir Gaza verlassen, ist das kein Geschenk nur an die Palästinenser, sondern eine Wohltat für Israel und seine moralischen Werte.« Für einige ist die Besatzung ein Erfolg. Ich denke ganz anders darüber.

Der Mut Sadats

Ich bin Nasser nie begegnet, ich kenne Hosni Mubarak, aber ich muss sagen, Anwar El Sadat war gemessen an den Ergebnissen, die er erzielt hat, die wichtigste politische Persönlichkeit der arabischen Welt. Er war ein komplexer Mensch. So war er beispielsweise kein großer Arbeiter. Er stand gewöhnlich erst sehr spät auf und begann seinen Arbeitstag gegen Mittag. Er aß nur einmal pro Tag und ließ sich während der Mahlzeit gerne einen Film zeigen. Aber er übte auf sein Volk und auch andere eine außergewöhnlich große Anziehungskraft aus. Einmal bat mich Moshe Dayan, der wusste, dass der ägyptische Präsident und ich Sympathie füreinander hegten, bei Sadat ein gutes Wort für ihn einzulegen. Ich suchte den ägyptischen Präsidenten auf, der im Laufe der Monate ein Freund geworden war, und hielt einen langen Vortrag über Moshe Dayan, sein Leben, seinen Charakter, seine Persönlichkeit, seine Weltanschauung. Ich sehe Sadat noch vor mir, wie er lange Züge aus seiner Pfeife nahm, mit der er sich unablässig beschäftigte. Plötzlich herrschte er mich an, auf seine Pfeife zeigend: »Sag mir, Shimon, hast du schon einmal gesehen, wie Dayan so etwas in den Händen hielt und er es einfacher gemacht hat, als er es ist?« Das war eine sehr interessante und sehr merkwürdige Antwort. Gleichzeitig verhielt sich Anwar El Sadat wie die Mehrzahl der anderen arabischen Staatsführer. Er träumte davon, großen Männern der Vergangenheit zu gleichen, manchmal einem Krieger, indem er einen Marschall spielte, manchmal einem Pazifisten, indem er Gandhi imitierte.

Besonders gerne reiste er in entlegene ägyptische Dörfer und trug dabei eine weite, weiße Gandura, die traditionelle Tracht seines Landes. Aber man sollte einen großen Politiker nicht nach den Anekdoten beurteilen, die ihm nachgesagt werden, sondern nach seinen Taten. Und Sadat wird als ein Mann in die Geschichte eingehen, der drei außergewöhnliche Taten vollbracht hat. Erstens: Er war der erste und einzige arabische Staatschef, der den Mut hatte, die Sowjets aus seinem Land zu vertreiben, und zwar die Militärs ebenso wie die Zivilberater. Zweitens: Er hatte den Mut, sich 1973 in einen Krieg gegen Israel zu stürzen. Ich muss zugeben, dass das eine sehr schwierige Entscheidung war, obwohl er dabei wahrscheinlich nur einen begrenzten Vorstoß im Sinn hatte und nicht einen Angriff auf das Herz Israels. Das vertraute er übrigens später General Yadin an, damals Abgeordneter der Partei von Menachem Begin, und fügte hinzu, dass er lieber vorsichtig agiert habe, weil er überzeugt gewesen sei, dass Israel über die Atombombe verfüge. Drittens, last but not least, hat er mit Israel Frieden geschlossen. Und er war der einzige arabische Staatschef, der Jerusalem einen offiziellen Besuch abgestattet hat! Das sind drei außergewöhnliche Unterfangen, von denen eines ausgereicht hätte, seinen Ruf zu rechtfertigen. Ich habe ihn sehr geschätzt, seine Persönlichkeit ebenso wie seine Klugheit. Er wiederholte mir gegenüber häufig: »Shimon, ich möchte in meinen Äußerungen besonders freigebig sein. Denn meiner Ansicht nach bestimmt die Ausdrucksweise die Staatskunst. Neunzig Prozent der Probleme, die wir lösen müssen, sind nicht politischer, sondern psychologischer Natur.« Er hatte eigenwillige Ideen und besaß unbestreitbar einen großen Charme.

Das Syrien der Assads

Eines Tages werden wir mit Syrien Frieden schließen. Ich habe Hafis El Assad, der fast dreißig Jahre die Geschicke seines Landes lenkte, nie persönlich getroffen, aber nach der Ermordung von Jizchak Rabin hatte ich Gelegenheit, indirekt Kontakte zu ihm zu knüpfen. Damals hat mich der amerikanische Außenminister Warren Christopher gefragt, ob ich bereit sei, mit Syrien Frieden zu schließen.

Ohne zu zögern antwortete ich mit »Ja«. Und fügte sofort hinzu: »Aber die Zeit drängt. Ich habe höchstens neun Monate Zeit, Zeit bis zu den nächsten Wahlen.« Weiterhin bat ich meinen Gesprächspartner, dem neuen syrischen Präsidenten bei der nächsten Begegnung eine Frage zu stellen: Würden Sie die Unterzeichnung eines israelisch-syrischen Friedensabkommens als letzte Etappe in diesem Konflikt betrachten können, indem Sie alle anderen arabischen Staatschefs, die mit Israel im Krieg stehen, einladen, sich Ihnen anzuschließen und dasselbe Abkommen zu unterzeichnen? Auf diese Weise würde man ein für alle Mal die Kriege zwischen Israel und den arabischen Ländern beenden. Hafis El Assad, so wurde mir berichtet, war sehr angetan von dieser Idee, und seine Antwort war positiv ausgefallen. Ich schlug vor, in die zukünftigen Verhandlungen die Wirtschaft einzubeziehen, denn, wie ich oft erklärt habe, genügt es nicht, die Probleme der staatlichen Souveränität zu lösen, man muss auch an die Zukunft denken und sich um die künftigen bilateralen Beziehungen kümmern, vor allem die wirtschaftlichen. Konkret schlug ich ein sofortiges Treffen zwischen mir und Präsident Assad vor. Die Antwort Assads durch Christopher: »Ich bin bereit, Sie zu treffen, aber es ist mir momentan unmöglich, Ihnen ein Datum vorzuschlagen.« Ich war zugegebenermaßen verblüfft und sagte zu meinem amerikanischen Freund: »Sehen Sie, lieber Freund, mit Hafis El Assad ist es wie mit den Frauen!« Angesichts der verwunderten Miene des Außenministers präzisierte ich: »Nun ja, eine Frau ohne Rendezvous ist wie ein Rendezvous ohne Frau.« Und dabei ist es leider geblieben.

Dennoch war ich bereit, den Golan zurückzugeben und mich dem schmerzlichen Problem des Rückzugs Zehntausender Israelis zu stellen, die seit langem in dieser Region leben, wo regelrechte Städte entstanden sind. Aber ich habe verstanden, dass Präsident Assad, seine Familie und seine Vertrauten, die seit Jahrzehnten das Land regieren, obwohl sie einer Minderheit, der schiitischen Sekte der Alawiten angehören, die nur zwölf Prozent der Bevölkerung ausmachen, trotz des Anscheins absoluter Macht einen äußerst geringen Spielraum haben. Als Opfer versteckter interner Kämpfe um den Machterhalt sind sie nicht imstande, die notwendige Großmut für das große Abenteuer des Friedens aufzubringen. Die Angst vor feindseligen Reaktionen einer Bevölkerung, die in der Überzahl ihrem »Clan« fremd gegenübersteht, lässt sie zurückschrecken, sobald sich eine friedliche Lösung bietet. Ein Land kann durch Worte regiert werden, dann ist es eine Demokratie, oder durch Waffen, dann ist es eine Diktatur. Wenn man eine Minderheit repräsentiert und ein Land regiert, ist der Weg der Diktatur nahe liegend. Genau das geschieht in Syrien. Der Weg der Demokratie ist dort unmöglich. Der syrische Präsident Bachar El Assad, der seinem Vater im Amt folgte, ist ebenfalls ein Diktator. Ohne demokratisches System und ohne freie Wahlen in diesem Land wird man auch weiterhin nur die Wahl zwischen Pest und Cholera haben, zwischen Geheimdiensten, Polizei und systematisch gefälschten Wahlen.

Wenn es einmal zum Frieden zwischen Israel und Syrien kommt, wird sich natürlich die Frage nach der Zukunft der Golanhöhen stellen. Manche Kommentatoren meinen, dass die Golanhöhen länger unter israelischer Herrschaft stehen als unter syrischer, zumindest wenn man seit der Unabhängigkeit rechnet, und aus diesem Grund, erklären sie, könne der Golan unter israelischer Hoheit bleiben. Ich glaube, dass man Missverständnisse vermeiden und sehr deutlich feststellen muss: Wir haben überhaupt keine Herrschaftsansprüche auf den Golan. Nur: Von 1948 an waren die Kibbuzim und unsere Dörfer am See Genezareth ununterbrochen Zielscheibe syrischer Anschläge. Darum haben israelische Truppen im Sechs-Tage-Krieg die Golanhöhen innerhalb von 24 Stunden besetzt. Unsere Präsenz auf den Höhen ist das Resultat eines bewaffneten Konflikts und keineswegs eines politischen Willens.

Wir könnten die Golanhöhen in ein fabelhaftes Weinbaugebiet umwandeln (von dort kommen die besten Weine Israels) und in eine Touristenattraktion. Dann würden sie eine Anhöhe des Friedens und nicht länger der Konfrontation.

Von Hussein zu Abdallah

Niemand, der ihm begegnete, wird Jordaniens König Hussein je vergessen. Er war ein kluger und mutiger Mann, der sich unablässig vor widersprüchliche Situationen gestellt sah. Sein Sohn Abdallah hat mich bei verschiedenen Begegnungen durch seine Ernsthaftigkeit beeindruckt. Er hat bei seiner Thronbesteigung eine klar umrissene Situation vorgefunden, denn sein Großvater (dessen Vornamen er trägt) und später sein Vater haben die wichtigsten Entscheidungen schon getroffen. Abdallah I., damals König von Transjordanien, hatte, wie man sich erinnert, den Kontakt mit den Israelis aufrechterhalten. Er hat sich sogar am

10. Mai 1948 mit Golda Meir getroffen, die sich, um unerkannt zu bleiben, als Araberin verkleidet hatte und ihn von einem Krieg gegen Israel abzubringen versuchte. Und obwohl er ihr Ansinnen abwies, hat der Souverän – Abdallah I. – seinen politischen Mut und seine stillschweigende Anerkennung des Gegners mit dem Leben bezahlt. Hussein war das zweite arabische Staatsoberhaupt, das einen offiziellen Friedensvertrag mit dem ehemaligen israelischen Gegner unterzeichnete.

Die Araber haben ihn gezwungen, Krieg zu führen. Seine Nachbarn haben ihn daran gehindert, sich mit uns auszusöhnen. Aber in Kriegs- wie in Friedenszeiten hat er alles getan, um nicht unser Feind zu werden. Während des Krieges blieben die informellen Beziehungen bestehen, als fände der Krieg gar nicht statt. Und in Friedenszeiten bargen dieselben informellen Beziehungen ein enormes Potential. Die Spannungen zwischen König Hussein und Jassir Arafat waren beträchtlich. Der Höhepunkt war erreicht, als Arafat alle Diplomatie fahren ließ und Hussein einen Wechsel auf dem Thron und nicht nur bei der praktischen Machtausübung vorschlug. Damit war der Graben unüberbrückbar geworden.

Unsere Beziehungen zu Jordanien haben immer unser Verhältnis zu den Palästinensern beeinflusst. Daran ist angesichts der geographischen wie der politischen Gegebenheiten nichts Erstaunliches.

König Hussein hat gegen seine bösartige Krankheit ebenso entschlossen gekämpft wie gegen das Krebsgeschwür der Gewalt im Nahostkonflikt.

Der Friedensprozess

Der Friedensprozess mit den Palästinensern steckt derzeit in einer Sackgasse. In der Vergangenheit lag der Konflikt darin begründet, dass die Vision von einer dauerhaften Lösung fehlte. Die Araber glaubten, sich Israels mit Gewalt entledigen zu können. Die Israelis glaubten, sie hätten keine andere Wahl, als sich auf die Stärke der Armee zu verlassen. Heute scheint eine für beide Seiten akzeptable Vision zu existieren, doch nun stellt sich heraus, dass es beiden schwer fällt, sich von dem zu trennen, was den Konflikt bislang genährt hat. Für die Israelis sind das die Siedlungen, für die Palästinenser ist es der Terrorismus.

Das liegt nicht an einem fehlenden Friedensplan, sondern am geschwundenen Vertrauen und der bohrenden Frage, ob das jeweilige Gegenüber den Frieden wirklich will. Israel hat kein Vertrauen mehr zu Jassir Arafat. Und er ist nicht der Einzige. Und man kann sich vorstellen, dass manche Palästinenser zweifeln, ob Ariel Scharon es ehrlich meint, wenn er sich bereit erklärt, im Namen des Friedens »schmerzhafte Zugeständnisse« zu machen.

Zahlreiche Israelis fragen sich immer häufiger, ob die Palästinenser sich als verlässliche Partner im Friedensprozess erweisen werden. Woran genau liegt das?

Dreieinhalb Millionen Palästinenser leben in den »Autonomiegebieten«, das heißt, zwischen dem Jordan und dem Mittelmeer: 1,2 Millionen in Gaza, ungefähr 2 Millionen in der Westbank und die anderen in Jerusalem und Umgebung. Nahezu täglich ist Israel Zielscheibe terroristischer Angriffe, die von den »autonomen Gebieten« ausgehen. Die Mehrzahl dieser Anschläge wird von Selbstmordkommandos oder isolierten Einzeltätern verübt. Im Lauf der vergangenen Jahre wurden Hunderte von Israelis getötet. Die Zahl der Verwundeten geht in die Tausende. Deshalb wurden die Gebiete abgeriegelt. Auch viele Palästinenser sind ums Leben gekommen. Eine große Zahl von ihnen hat kein Dach mehr über dem Kopf und lebt unter jämmerlichen Bedingungen. Das erzeugt immer mehr Hass. Es entstehen dramatisch zugespitzte Verhältnisse, in denen niemand mehr handelt, wie er es gerne würde, und jeder sich zu Taten hinreißen lässt, die er im Grunde ablehnt.

Gleichzeitig lebt am anderen Jordanufer eine etwa gleich große Anzahl von Palästinensern, etwa 3,5 Millionen Menschen, im Königreich Jordanien. Zwischen diesem Land und Israel gibt es praktisch kein Sicherheitsproblem. Ganz im Süden ist seit der Gründung des Staates Israel zwischen der israelischen Stadt Elat und dem jordanischen Akaba, die immerhin nur wenige Kilometer voneinander getrennt sind, nicht ein Schuss gefallen. Die Grenze zwischen den beiden Ländern verläuft hier durch das 193 Kilometer lange Arava-Tal, das das Rote Meer mit dem Toten Meer verbindet. Diese Grenze ist größtenteils nicht einmal durch Stacheldraht, Minenfelder oder einfache Gräben gekennzeichnet. Die Region ist so sicher, wie sie es von Natur aus sein sollte. Und der Jordan, der als Grenzlinie dient, fließt träge vom Jarmuk-Fluss bis zum Toten Meer. Die Jordanier verhindern Infiltrationen nach Israel, und die beiden Brücken, die die Grenze und den Fluss überspannen, sind für Menschen und Waren geöffnet.

Wie kommt es, dass Israel und Jordanien, ein Land, dessen Bevölkerung zum größten Teil palästinensischen Ursprungs ist, vernünftige, ja sogar freundschaftliche Beziehungen unterhalten und so etwas nicht auch zwischen Israelis und Palästinensern entstehen kann? Ich sehe drei Gründe dafür. Erstens existiert zwischen Israel und Jordanien eine klar definierte, sichere Grenze, während es eine solche zwischen Israel und Palästina bis heute nicht gibt. Zweitens hat Jordanien eine stabile Regierung, wohingegen es den palästinensischen Behörden bis heute nicht gelungen ist, die verschiedenen terroristischen Gruppierungen mit fester Hand zu kontrollieren. Sie scheren nach allen Richtungen aus, ohne sich darum zu kümmern, was die palästinensische Führung davon hält. Und drittens gibt es auf der jordanischen Seite nicht eine einzige jüdische Siedlung. Das Land ist so wenig ein Streitpunkt zwischen Israelis und Jordaniern wie der Verlauf der Grenze.

Die Folgerung liegt nahe: Man muss zwischen den Palästinensern und uns eine Grenze ziehen. Eine Grenze, auf die man sich geeinigt hat, ist einer einseitig beschlossenen Umzäunung überlegen. Diese entscheidende Aufgabe liegt vor uns. Ganz offensichtlich gibt es keine Grenze zwischen Frieden und Gewalt ohne eine sichtbare Grenze auf dem Land. Trotz unterschiedlicher Meinungen zu deren Verlauf halte ich es für möglich, zu einer Einigung über eine klare und sichere Grenzlinie zu kommen, wenn man das Konzept von der Existenz zweier Staaten zu Grunde legt, ein Konzept, das von Präsident Bush gelobt wurde und dem Plan des Nahost-Quartetts folgt, das Bushs Vorhaben begleitet.

Die Frage einer palästinensischen Regierung ist jedoch komplizierter. 1993 in Oslo haben wir mit Jassir Arafat einen Vertrag unterzeichnet, der den Weg für einen permanenten

Frieden frei machen sollte. Arafat hat sich verpflichtet, dem Terror ein Ende zu setzen, und daraufhin haben wir begonnen, uns aus den besetzten Gebieten zurückzuziehen. Bevor Arafat Chef der PLO wurde, setzte diese zur Durchsetzung ihrer Ziele terroristische Mittel ein. Nachdem er gewählt und zum unumstrittenen PLO-Chef geworden war, stellte sich heraus, dass Arafat seine Zusagen nicht einhielt. Dennoch wurde er das Oberhaupt eines im Entstehen begriffenen palästinensischen Staates. Die PLO setzte sich aus mehreren bewaffneten Gruppen zusammen. Nachdem die Palästinensische Autonomiebehörde etabliert war, lehnten es diese Gruppen, obwohl sie die neue Führung anerkannten, ab, sich entwaffnen zu lassen. Arafat glaubte wahrscheinlich, er würde sie mit politischen Mitteln überzeugen und dazu bringen, die Oberhoheit der Behörde anzuerkennen. Doch dazu kam es nicht. Die abweichlerischen Gruppen bilden eine Minderheit, aber eine Minderheit, die der Wirksamkeit von Waffen mehr traut als der von Wahlurnen.

Die notwendigen Reformen

Arafat hat es nicht gewagt, Gewalt anzuwenden, um eine Zentralregierung zu schaffen, die die Verwendung von Waffen durch die eine oder andere Gruppierung kontrollieren könnte. Und so hat die palästinensische Behörde ihre wirksame Autorität eingebüßt. Die Waffenstillstandsvereinbarungen nehmen einen immer beliebigeren Charakter an und werden, je nach Laune und Kalkül eines oder mehrerer Mitglieder der Behörde, eingehalten oder nicht. Das hat die Autonomiebehörde unterminiert. Schlimmer noch: Sie und ihr Chef sind zum Gespött geworden. Eine Schlussfolgerung drängt sich auf: Es ist unerlässlich, dass die Palästinenser ihr Regierungssystem reformieren. Dass alles von einer einzigen Person abhängt, ist eine unmögliche Situation, vor allem, wenn die fragliche Person nicht bereit ist, die notwendigen Maßnahmen zu ergreifen, um die Sicherheit der Nachbarn zu garantieren und den Friedensprozess wieder in Gang zu bringen. Sicher, die Ablösung von Abu Masen durch Abu Ala ändert die Sachlage ein wenig, aber die meisten Länder der Welt erkennen an, dass die Palästinenserbehörde tiefgreifendere Reformen braucht. Unter diesen Ländern befinden sich auch die drei arabischen, die, jedes auf seine Weise, versuchen, den Frieden in der Region zu fördern: Ägypten, Saudi-Arabien und Jordanien. Auch die Palästinenser selbst teilen in großer Zahl diese Überzeugung. Und alle sind sich einig über die Art und Weise dieser Reformen, die einem Prinzip folgt: dem der Gewaltenteilung. Legislative, Exekutive und Jurisdiktion müssen unabhängig sein und dürfen nicht mehr den Launen einen Einzelnen überlassen bleiben. Notwendig sind weiterhin die Ernennung eines Ministerpräsidenten, der dies nicht nur dem Namen nach ist und die Geschäfte der Palästinenserbehörde effizient führt; die Unterstellung aller bewaffneten Organisationen und Splittergruppen unter eine einheitliche und kohärente Befehlsgewalt und die vollständige Transparenz des Finanzwesens.

Arafat hat oft erklärt, er sei derartigen Reformen gegenüber aufgeschlossen. Doch wie andere Versprechen hat er auch dieses nicht gehalten. Die mündlichen Zusicherungen sind nicht immer in die Praxis umgesetzt worden. Und als Jassir Arafat schließlich, von allen Seiten gedrängt, seinen Posten an Abu Masen abgegeben hat, hat er das nur widerstrebend getan und dessen Befugnisse nach Kräften eingeschränkt. Die Zeit ist gekommen, von den Palästinensern einen detaillierten Reformplan zu verlangen. Sonst werden auch weiterhin Chaos und unerträgliches Leid herrschen, und die Anzahl der Opfer auf beiden Seiten wird steigen.

Von israelischer Seite müssen wir die Verhandlungen über die Festsetzung einer definitiven Grenze wieder aufnehmen, was de facto einen Rückzug aus den Autonomiegebieten mit sich bringen wird. Das Argument, vor Friedensverhandlungen müsse erst eine Waffenruhe eingehalten werden, führt zu einem Teufelskreis, den man unbedingt durchbrechen muss. Wie kann man denn allein mit Gewalt eine Waffenruhe herbeiführen? Es stimmt, dass während der Zeit, die ich »Waffenstillstand durch Waffengewalt« nenne, Terroristen getötet wurden, aber die Maßnahmen, die den Terror beenden sollten, haben ihn nur angefacht. Damit man mich recht versteht: Ich schlage nicht vor, den Kampf gegen den Terrorismus einzustellen. Ich halte es für notwendig, die Anstachelung zum Terrorismus zu bekämpfen, aber gleichzeitig muss man auf einer anderen Ebene handeln – Verhandlungen führen, die Hoffnung neu erwecken, den Druck mindern. Die Waffenruhe muss von einer motivierten Zivilbevölkerung unterstützt werden. Der Kampf gegen Terroristen und der Einsatz für ein politisches Klima, das ihnen Einhalt gebietet, sind keine gegensätzlichen Ziele.

Dieser Konflikt ist schwierig und komplex. Die Existenz eines Friedensplans, der für die Mehrheit der Menschen mehr oder weniger akzeptabel ist, kann sein Ende beschleunigen. Wichtig ist heute vor allem, dass dieser Plan – sie sogenannte »Road Map« – auf beiden Seiten Partner mitreißt, die imstande sind, ihn zu verwirklichen. Der Unterschied zwischen unserer Arbeitspartei und dem Likud besteht in der Art, wie wir zu Vereinbarungen gelangen. Ich glaube, dass man dazu umdenken muss. Anstatt die Politik aufzubauen wie einen Zug mit einer Lokomotive und hintereinander aufgereihten Waggons, die füreinander verantwortlich sind, wobei das Risiko besteht, dass alle miteinander ins Stocken geraten, falls ein Waggon blockiert, muss man sich eine Flotte auf See vorstellen – eine Armada aus vier Schiffen, die gleichzeitig handeln. Erstes Schiff: die Sicherheit. Zweites Schiff: die politischen Verhandlungen. Drittes Schiff: die Reform der palästinensischen Regierung. Viertes

Schiff: die wirtschaftliche Entwicklung. Die vier Schiffe könnten gleichzeitig navigieren, ohne direkt miteinander verbunden zu sein wie ein Zug.

Die neue »Mauer«

Man spricht in letzter Zeit von einer »Mauer«, die sich an den Grenzen unseres Landes jeden Tag etwas höher erhebt. Es geht um den »Sicherheitszaun«, ein groß angelegtes Bauwerk, zwischen 30 und 100 Metern Breite je nach örtlichen Gegebenheiten, das dazu bestimmt ist, Israel im engeren Sinn von den Autonomiegebieten zu trennen. Er hat das erklärte Ziel, die Infiltration durch Terroristen und das Attentatsrisiko so niedrig wie möglich zu halten. Der erste, 110 Kilometer lange Abschnitt dieser »Mauer« im Norden Israels wurde am 14. August 2002 begonnen. Eine zweite Barriere soll entlang der Nord- und Südgrenze Jerusalems entstehen. Nach einer Idee des ehemaligen israelischen Verteidigungsministers Benjamin Ben Elieser ist die Abriegelung von Jerusalem auf etwa fünfzig Kilometer Länge vorgesehen. Man kann sich leicht die Kosten eines solchen Unternehmens vorstellen. Man spricht von ein bis zwei Millionen Euro pro Kilometer! Wenn man an die Selbstmordanschläge und ihren immer blindwütigeren und mörderischeren Charakter denkt, kann ich verstehen, dass die Vorstellung von einer solchen »Mauer« ziemlich populär ist. Aber ich bin sehr skeptisch, was ihre Schutzfunktion betrifft. Ich muss zugeben, dass von einem rein militärischen Standpunkt gesehen die Notwendigkeit besteht, das israelische Territorium gegen terroristische Attacken und eventuelle Übergriffe abzuriegeln. Aber ich möchte zwei Einwände geltend machen. Zum einen bin ich nicht sicher, dass die »Mauer« wirklich Sicherheit bietet. In diesen unruhigen Zeiten, in denen sich das Phänomen der Selbstmordattentate immer weiter ausbreitet und diese Terroristen neuen Typs durchaus imstande sind, sich auch als orthodoxe Juden mit Schläfenlocken, als Frauen oder Zahal-Soldaten zu verkleiden, um ihre Ziele zu erreichen und möglichst viele Juden zu töten, scheint eine »Mauer« lächerlich. Zum zweiten lehrt die Erfahrung, dass jedes Mal, wenn eine neue Maßnahme gegen Übeltäter ergriffen wird, diese schleunigst ein Gegenmittel, eine Entgegnung finden. Es stünde also zu befürchten, dass wir eines Tages Boden-Boden-Raketen über die »Mauer« fliegen sähen. Ich glaube, dass man in diesem Punkt sehr viel Umsicht walten lassen und den Gegner nicht systematisch dazu treiben sollte, die Konfrontation so zu steigern. Ganz zu schweigen von dem politischen Problem, das diese Art von sichtbarer Grenze unweigerlich schaffen würde. Schließlich darf man nicht vergessen, welche Schwierigkeiten eine solche »Mauer« für die Bewohner der Siedlungen mit sich bringen würde. Obwohl ich ein Gegner der Siedlungspolitik bin, verstehe ich vollkommen, dass der Staat die Pflicht hat, die israelischen Bürger zu schützen, die dort leben. Die »Mauer« würde die Siedlungen jedoch zwangsläufig isolieren und sie in gewisser Weise von israelischem Hoheitsgebiet trennen. Schließlich liegt die Lösung aller Probleme meines Erachtens in einer Verbesserung der Beziehungen zwischen den beiden Völkern. Eine Verbesserung der Lebensbedingungen für die palästinensische Bevölkerung und weniger drastische Einschränkungen ihrer Bewegungsfreiheit wären, so glaube ich, viel wirksamer für unsere Sicherheit als der Bau einer »Mauer«. Momentan ist eine Mehrheit der Israelis überzeugt davon, dass die »Mauer« das Wundermittel wäre. Weil sie beunruhigt sind, verlieren die Menschen ihre Fähigkeit, logisch zu denken, und weisen jede Kritik zurück: Wenn man eine »Mauer« braucht, dann bauen wir eben eine »Mauer«. Aber ich glaube nicht daran.

Im Zentrum der Landkarte, auf der einträchtig nebeneinander Israel, Jordanien und Palästina liegen, im Zentrum des Konflikts also, befindet sich das Tote Meer. Wie der Name sagt, ist dieses Gewässer dem Untergang geweiht. Wenn wir es nicht durch Wasser aus dem Roten Meer versorgen, wird das Salz das Tote Meer zerstören. Es ist jedoch denkbar, eine Wasserzufuhr vom Roten zum Toten Meer zu bauen, um frisches Wasser ins Tote Meer zu leiten. Eine solche Wasserzufuhr würde im Übrigen das Arava-Tal, das zwischen diesen beiden Wasserflächen liegt, zum Erblühen bringen. Man könnte auf Grund des Gefälles auch Energie für Jordanien gewinnen. das Tote Meer könnte das Land mit entsalztem Wasser versorgen. Wenn es Frieden gibt, könnte das Tote Meer ein Meer der Wohltaten für alle drei Völker werden. Aber es kann auch ein Totes Meer bleiben, wenn wir nicht zu einer Zusammenarbeit finden.

Die Geographie und die Politik fordern eine wirtschaftliche Zusammenarbeit zwischen Israelis, Jordaniern und Palästinensern. Eine solche Zusammenarbeit würde die ökonomische Entwicklung fördern, ohne der Souveränität der einzelnen Staaten Abbruch zu tun. Nach dem Sturz von Saddam Hussein zeigt sich ein neuer Silberstreif am Horizont: eine wirtschaftliche Zusammenarbeit zwischen dem neuen Irak, Jordanien, Palästina und Israel. Erdöl, Wasser, Handel kämen, wenn sie ohne politische Unruhen betrieben werden könnten, den Interessen aller vier Länder sehr entgegen. Anstatt dass jeder die drei anderen fürchten müsste, könnte eine neue Verständigung und eine große Hoffnung geboren werden. Israel zöge großen Nutzen daraus.

Israels Wege

Israel hat sich verändert. Israel verändert sich. Jeden Tag. Israel verändert sich immer noch und stetig. Das ist der Lauf der Dinge. Israel entwickelt sich weiter und bleibt gleichzeitig den Idealen treu, die seine Wiedergeburt begleitet haben. Eine der außergewöhnlichsten Umwälzungen, die das Land erlebt hat, war die Ankunft und erfolgreiche Integration einer massiven Alija, einer Einwanderungswelle, aus Russland und den ehemaligen Sowjetrepubliken. Nicht dass die anderen Alijot, die unsere Geschichte geprägt haben, nicht jede auf ihre Weise ihre spezielle Bedeutung hatten und einen wertvollen Beitrag lieferten. Dabei denke ich vor allem an die nordafrikanischen Juden mit ihrem traditionsbewussten Gemeinschaftsleben. Ich denke auch an die bewegende und geradezu unglaubliche Geschichte der schwarzen Juden aus Äthiopien, aber eines ist sicher: Die Ankunft der russischen Juden hat die Situation in Israel durch das schiere Ausmaß dieser Einwanderungswelle verändert – fast eine Million Menschen innerhalb von zehn Jahren. Was Russland über Jahrhunderte hinweg gekennzeichnet hat, ist der ungeheure Widerspruch, der sich nach und nach zwischen der Intelligenz des Volkes und der geistigen Armut ihrer Führungsschicht und ihrer Regierungen entwickelt hat. Nie zuvor in der Geschichte dieses großen Landes hat eine Regierung, die so im Wahn befangen war wie die der kommunistischen Ära, als Gegenpol dazu eine Intelligenzia von so außergewöhnlich hohem Niveau hervorgebracht. Gerade dank seiner Intelligenz konnte das russische Volk der jahrzehntelangen Herrschaft eines demoralisierenden Kommunismus ein Ende setzen. Wir haben in Israel glücklicherweise einen Teil des Volkes »geerbt« und nicht das System. Das sind Menschen, die in einer Zeit, in der das Fernsehen die Welt überschwemmt, einer Kultur des Buches treu geblieben sind. Das erklärt die Tiefe ihrer Gedanken.

Israelis aus Russland

Die Israelis, die aus Russland kamen, sind, wie alle Russen, nicht nur besessen vom Lesen und verschlingen Bücher wie Zeitungen, sie sind auch begeisterte Musikliebhaber und besuchen emsig Theater- und Opernvorstellungen. Während die Vereinigten Staaten eine beispiellose technologische Entwicklung erlebten, bildeten die Russen jahrelang ihr Kunstverständnis und ihre künstlerischen Talente aus. Der massive Bevölkerungszuwachs durch die russische Alija veranlasste manche Menschen zu der Feststellung, Israel sei eine Erweiterung von Russland geworden. Dabei vergisst man aber, dass wir trotz alledem ein kleines Land bleiben. Was jedoch verwundert, ist die eher rechte Gesinnung der russischen Neuankömmlinge. Allerdings erinnert man sich bei näherem Nachdenken wieder, dass die großen Bolschewiken auch große Nationalisten waren. Und in Israel ist das nicht anders. Eines ist offenkundig: Dieser Zustrom hat den Charakter des Landes verändert. Die Russischsprachigen und Bürger russischer Herkunft machen heute einen wichtigen Prozentsatz unserer Bevölkerung aus. Und ich glaube, wir sind das einzige Land, in dem man beim Spaziergang auf den Straßen kurz hintereinander Hebräisch, Russisch, Englisch, Französisch oder Arabisch hört. Wenn das nicht eine höchst beglückende und außergewöhnliche Mischung ist! Auch das ist

Israel – dieser melting pot, dieses schillernde Miteinander der unterschiedlichsten Kulturen aus der ganzen Welt auf so beschränktem Raum.

Unsere bilateralen Beziehungen zu Russland hat diese neue Konstellation zweifellos beträchtlich verbessert. Unser Verhältnis ist von großer Herzlichkeit. Die ideologische Tönung der früheren außenpolitischen Kontakte der UdSSR ist völlig verschwunden. Wie sich auch im neuen Russland die übertriebene Bedeutung verflüchtigt hat, die die Sowjets der arabischen Welt zumaßen. Nach zahlreichen Schätzungen haben die Russen um die 160 Milliarden Dollar in die arabische Welt investiert. Praktisch ohne Ergebnis. Die Araber sind keine Kommunisten geworden und haben, trotz maßloser Waffenlieferungen, auch keinen Krieg gegen Israel gewonnen. Schlimmer noch – diese Niederlagen, die zu Recht oder zu Unrecht der mangelnden Qualität der russischen Waffen zugeschrieben wurden, hatten eine internationale Geringschätzung der russischen Technologie zur Folge. Die Tatsache, dass eine Million Menschen in Israel die russische Sprache spricht, hat ein nie da gewesenes Interesse für die russische Sprache und Kultur – und indirekt für Russland selbst – ausgelöst. Im Mai 2001 habe ich Solschenizyn besucht. Wie überrascht war ich, als ich ihn sagen hörte, dass seiner Ansicht nach die beste russische Zeitschrift, die es gibt, in Israel publiziert wird! Er meinte »22«. Ein wirklich ausgezeichnetes Blatt. Und wenn nach jedem Terroranschlag und jedem Selbstmordattentat die unseligen Listen der Opfer des antiisraelischen Terrors veröffentlicht werden und man in Großbuchstaben liest »Nikolai, Vladimir, Igor, Natascha«, dann bleibt es nicht aus, dass Tausende Kilometer entfernt Russen von dieser Tragödie berührt werden, die Israelis betrifft, die auf gewisse Weise ihre Brüder geblieben sind. Auch den leidvollen Tschetschenien-Krieg muss man in diesem Zusammenhang erwähnen.

Schließlich, last but not least, ist der Kalte Krieg zu Ende. Russen und Amerikaner sind von nun an Partner im Nahost-Quartett. All das schafft sehr starke, sehr herzliche Bindungen zwischen Israel und Russland. Es entstehen immer wichtigere Wirtschaftskontakte. Russische Juden, die in Israel ansässig geworden sind, kehren regelmäßig in ihr Herkunftsland zurück und bauen die kommerziellen und industriellen Brücken, die man Joint Ventures nennt. Und wieder denke ich an meinen Besuch bei Solschenizyn. »Sehen Sie«, sagte er, »ich habe mich oft gefragt, welche tiefe Basis für die Beziehungen zwischen dem jüdischen und dem russischen Volk existiert. Manche sprechen von der Ideologie und argumentieren, das Herz der Juden habe immer schon links geschlagen. Das stimmt nicht. Es gibt rechte wie linke Juden. Andere denken an die Wirtschaft und stützen sich dabei auf die allgemein verbreitete Vorstellung von der Armut der jüdischen Welt zur Zeit der Ghettos. Wieder falsch. Es hat schon immer arme Juden und reiche Juden gegeben. Man behauptet auch, die Religion sei ein Faktor für die Annäherung: die Bibel, das grundlegende Buch der Juden, ist im Glauben der Slawen sehr präsent. Aber auch das ist nicht sicher. Der wahre Grund für diese Nähe der russischen Welt zur jüdischen ist die Intelligenzia, das Vorhandensein einer hervorragenden Intelligenzia von großer Qualität auf beiden Seiten. Die beiden Völker lieben die Kultur.« Diese Sicht des großen russischen Schriftstellers hat mich nachdenklich gestimmt. In der Tat sind russische Lieder, Gedichte, russische Literatur, russisches Theater, der Tanz in der Kultur Israels allgegenwärtig.

Der hübscheste Text, der meiner Ansicht nach je über die jüdische Intelligenz geschrieben wurde, stammt aus der Feder Tolstois. Seine Beschreibung der jüdischen Welt ist bemerkenswert. Ich verstehe nicht, wie man behaupten konnte, Tolstoi sei durch und durch Antisemit! Seine Korrespondenz mit Scholem Alejchem zeugt von seinem Interesse für das Judentum. Auf Alejchems briefliche Bitte um einen Beitrag zu einem Werk, dessen Verkaufserlös den Opfern des Pogroms von Kischinew, der bessarabischen Stadt, in der sich im April 1903 ein mörderisches Pogrom zutrug, zugute kommen sollte, schickte Tolstoi einen eigenen Text. Diese Sammlung von Berichten war damals sehr erfolgreich.

Bekannt ist auch, dass sich Tolstoi einmal auf das Studium des Hebräischen verlegen wollte. Zu diesem Zweck richtete er ein Ersuchen an den Oberrabbiner von Moskau. Dieser willigte ein und machte sich auf die Suche nach einem hebräisch-russischen Wörterbuch, das Tolstoi seine Aufgabe erleichtern sollte. Die Suche blieb ergebnislos, weil es zu jener Zeit kein solches Wörterbuch gab. Der Oberrabbiner beschloss nun, selbst eines zu schreiben. Der Geistliche, der Tolstoi eines Tages besuchte, fragte ihn, warum er unbedingt Hebräisch lernen wolle. Der Autor von »Krieg und Frieden« erklärte ihm, seines Erachtens sei die fesselndste Erzählung der gesamten Weltliteratur die von Joseph und seinen Brüdern. »Und außerdem«, fuhr Tolstoi fort, »will ich, indem ich auf das hebräische Original zurückgehe, verstehen, was es mit dem Paradies auf sich hat und was der Garten Eden bedeutet.« Er fragte sich, ob das Paradies als Möglichkeit oder Gegebenheit, als Symbol oder Realität zu verstehen sei. Tolstoi verriet sogar, dass er den Plan hege, die Bibel auf Hebräisch zu lesen. Was gibt es für ein besseres Symbol als diese weithin unbekannte Geschichte! Doch kehren wir nach Israel zurück.

Wohin steuert der Kibbuz?

Ja, Israel verändert sich. Und auch der Kibbuz hat sich weiter entwickelt. Er war in der Anfangszeit Israels das Symbol für die Geschichte des Zionismus. Aber wir leben nun in einer anderen

Ära. Man hört gelegentlich, der Kibbuz habe einen Bauch angesetzt. Ich bin selbst ein alter Kibbuznik und Mitglied des Kibbuz Alumot in Galiläa. Tatsächlich ist der Kibbuz auf gewisse Weise den Veränderungen zum Opfer gefallen. Bei seiner Entstehung stützte sich diese revolutionäre Form des Kollektivs auf drei, vier fundamentale Erfordernisse einer jungen Nation im Aufbruch: die Rückkehr zum Erdboden, die Generationen jüdischer Bauern hervorbringen sollte, um der verbreiteten und gerne gehegten Idee entgegenzutreten, die Juden brauchten, anders als die meisten anderen Menschen, nur Luft zum Leben und müssten nicht den Umweg über die Erde nehmen; die Überwachung der Feinde, erleichtert durch die Tatsache, dass die meisten Kibbuzim damals entlang der Grenzen lagen. Israel hat nur zu denjenigen Ländern festgelegte Grenzen, mit denen es Friedensabkommen unterzeichnet hat, das heißt Ägypten und Jordanien. Die Grenzen zum Libanon, zu Syrien und dem zukünftigen Palästinenserstaat sind Waffenstillstandslinien, die bei zukünftigen Verhandlungen noch angepasst werden müssen. Und schließlich die Aufrechterhaltung einer auf Gleichheit gegründeten Gesellschaftsform im Geist kollektiver Verantwortung, biblischer Prinzipien, Themen, die Tolstoi am Herzen lagen, sowie das Gedankengut der Sozialdemokratie. Dies alles hielt sich mehr als fünfzig Jahre. Gegenwärtig ersetzt die Industrie die bäuerliche Welt immer mehr, und darunter leiden viele Kibbuzim. Zudem schützen seit langem Soldaten, und weniger die Kibbuzim, die Grenzen. Was das Gleichheitsprinzip betrifft, so liegt es nicht in der Natur der Dinge und lässt Anzeichen von Schwäche erkennen. Es entspricht einer Geisteshaltung, die für den menschlichen Charakter eine Herausforderung bedeutet. All das hat dazu geführt, dass der Kibbuz tatsächlich in der Krise steckt. Und das ist eine wahre Tragödie, denn der Beitrag der Kibbuzim zum Aufbau Israels war immens und stand in keinem Verhältnis zu ihrer geringen Zahl. Dank ihnen hat Israel die am höchsten entwickelte Landwirtschaft der Welt auf die Beine gestellt. Man erzählt sich folgende Geschichte: Ein Jude denkt über die Zukunft der Welt nach und seufzt bei dem Gedanken, dass morgen China und Indien die beiden Großmächte der Erde sein werden. Er denkt: »Mein Gott, was sollen wir nur in Zukunft machen? Die Chinesen und die Inder kennen weder Moses noch Abraham. Sie sprechen kein Hebräisch und wissen nichts über die Juden. Sie sind uns vollkommen fremd.« Ich verstehe seine Beunruhigung, denn wirklich kennt die große Mehrheit dieser beiden Völker die Geschichte und Religion der Juden nicht. Doch so bizarr es klingen mag: Für die israelische Landwirtschaft, die sich durch die einzigartige Erfahrung der israelischen Kibbuzim entwickelt hat, interessieren sich Chinesen und Inder lebhaft und haben, indem sie sie ihren eigenen Erfordernissen angepasst haben, auf diese Weise etwas über Israel erfahren. Das Wort der Propheten ist unwandelbar, aber es sind die Innovationen in der Landwirtschaft, durch die ihre Nachkommen die Botschaften der Hoffnung weitertragen.

Leider ging mit dem heftigen Erfolgswillen der Kibbuzim nicht oft eine adäquate wirtschaftliche und finanzielle Entschlusskraft einher, und so nutzten Geschäftsleute die Gunst der Stunde und konnten mit den Produkten idealistischer Kollektive wie der Kibbuzim und Moschawim – so nennt man die andere Form von Genossenschaftssiedlungen – enorme Profite einstreichen. Heute versucht der Kibbuz, um überhaupt zu überleben, sich an das moderne Leben anzupassen und etwas mehr Individualismus in seinen Vorschriften zu ermöglichen; so gibt es zum Beispiel entgegen den ursprünglichen Beschlüssen Bargeld und Privateigentum, wie Kleidung oder Möbel … Früher gab es weder eine soziale Absicherung noch Renten. Das war vollkommen ungerechtfertigt. Die Menschen arbeiteten ununterbrochen, ohne einen Tag Urlaub, und hatten weder Versicherungen noch soziale Vergünstigungen. Als Finanzminister versuchte ich von 1988 bis 1990, diese ungerechten und unausgewogenen Zustände, die zu einer echten Benachteiligung geführt hatten, zu verringern. Heute gehören diese Menschen zu den Armen im Lande. Glücklicherweise haben einige Kibbuzim die Landwirtschaft aufgegeben und sich dem Bereich der Hochtechnologie zugewandt. Das ist nicht einfach. Andere haben sich für die Industrie oder das Hotelgewerbe entschieden. Zwar existieren auch heute noch landwirtschaftlich orientierte Kibbuzim, aber sie sind nicht mehr in der Überzahl. Eine ruhmreiche Zeit, eine heroische Epoche ist zu Ende gegangen.

Auch wenn seit der Entstehung der kollektiven bäuerlichen Betriebe in Israel das Geld geächtet, verbannt und verabscheut wurde, verließ jeder, der sich als Mitglied in einem Kibbuz aufhielt, diesen mit einem kleinen Notgroschen. Das gilt auch heute noch. Wichtiger jedoch ist vor allem der Geist, der durch den Kibbuz weitergetragen wurde und unauslöschlich tief in jenen verankert bleibt, die diese außergewöhnliche Art des gesellschaftlichen Zusammenlebens kennen gelernt haben. So kann man bei einem Treffen aus der Menschenmenge sofort jene herausfinden, die diese Erfahrung gemacht haben und von daher einen Sinn für Gemeinschaft und Verantwortungsgefühl besitzen. Der Kibbuz stand am Beginn einer besonderen geistigen und intellektuellen Entwicklung in Israel. Hunderttausende Israelis sind für immer von dieser Erziehung geprägt.

Der Zionismus ist eine Reise

Unsere Bevölkerungsstruktur hat sich stark gewandelt, der Kibbuz ist nicht mehr das, was er war, und der Geist der Chaluzim, der Pioniere aus den Anfängen Israels, hat einen Teil seiner Kraft eingebüßt. Doch wenn das Verantwortungsgefühl für die Gemeinschaft im Laufe der Zeit nachgelassen hat und eine Individualisierung eingetreten ist, so ist das im Prinzip nur normal. Beim Aufbau eines Landes herrscht dort, solange der Krieg wütet, ein sehr starkes Gemeinschaftsgefühl vor. Dann treten ganz allmählich immer persönlichere Haltungen zu Tage.

Folglich kann man sich fragen, ob der Zionismus selbst sich verändert hat und ob wir Anhänger der Arbeitspartei noch dieselben sind, ob unsere Koalitionsabkommen mit der Rechten nicht unsere Einstellung und unser Empfindungsvermögen beeinflusst und uns von der Linken entfernt haben, bis wir zuletzt eine Zentrumspartei geworden sind.

Ich persönlich halte den Zionismus für eine Reise. Er ist kein System. (Lenin hat den »Bund«, eine jüdische Bewegung, die den Zionismus ablehnte, mit den Worten kritisiert, die »Bund«-Mitglieder seien »Zionisten, die die Seekrankheit fürchten.) Jeder, der die Reise unternimmt, ist ein Zionist. Und sobald er den Boden des Landes betritt, um dort zu bleiben, wird er Israeli. Hinsichtlich der Arbeitspartei muss man meines Erachtens einiges klarstellen.

Ich definiere mich als »Léonblumist«. Léon Blum erklärte, der Sozialismus sei keine Doktrin, sondern eine Zivilisation. Man wird nicht automatisch Sozialist, weil man beschließt, einer bestimmten wirtschaftlichen Leitlinie zu folgen. Sozialist sein bedeutet im Wesentlichen, der Gesamtheit der menschlichen Probleme mit bestimmten Verhaltensweisen und Lebensregeln zu begegnen. In Israel unterscheidet sich beispielsweise die Ha'awoda-Partei[*] von anderen Gruppen durch ihre Haltung gegenüber den israelischen Arabern, durch ihre Wahrnehmung

[*] 1949 von David Ben-Gurion gegründet, verband sich die Mapai [Mifleget Poale Erez Israel, »Arbeitspartei des Landes Israel«] mit zwei kleineren zionistisch-sozialistischen Gruppen und bildete 1968 die israelische Arbeitspartei »Mifleget ha'Awoda ha-Israelit«.

der Palästinenser, ihre Position zugunsten des Friedens, ihre wirtschaftliche Perspektive, ihre Bildungsziele und ihre nationale Solidarität. Muss man noch mehr ins Detail gehen? Die Worte sprechen für sich: Wir sind keine sozialistische Partei, sondern eine Arbeitspartei.

Man fragt mich häufig, warum wir denn einen solchen Namen gewählt haben. Die Idee stammt von David Ben-Gurion selbst. Für ihn war der Ursprung des israelischen Sozialismus die Bibel. Es hatte gar nichts mit Karl Marx und Leo Trotzki zu tun, nicht einmal mit Léon Blum. Er stellte keinen Bezug zu den großen europäischen Gestalten des Sozialismus und Kommunismus her. Es gibt, erklärte er, zwei biblische Gestalten, die den Sozialismus verkörpern, so wie wir ihn in Israel verstehen: Amos mit seinen fortschrittlichen Ansichten in Bezug auf die Gesellschaft, und Jesaja mit seiner großzügigen Friedensvision.

Lesen wir Amos:
»Hasst das Böse, liebt das Gute, / und bringt bei Gericht das Recht zur Geltung …« (5,15)
»… das Recht ströme wie Wasser, / die Gerechtigkeit wie ein nie versiegender Bach.« (5,24)
Und Jesaja:
»Nein, das ist ein Fasten, wie ich es liebe: / die Fesseln des Unrechts zu lösen, / die Stricke des Jochs zu entfernen.« (58,6-7)
»Dann wohnt der Wolf beim Lamm, / der Panther liegt beim Böcklein. Kalb und Löwe weiden zusammen, ein kleiner Knabe kann sie hüten.« (11,6)

Ja, man muss den Charakter der Wölfe ändern, um die Lämmer vor ihrem Los zu erretten. Mit Amos und Jesaja brauchten wir keine Modelle von außen mehr zu suchen. Man muss sicher nicht erst betonen, dass es Ben-Gurion vor dem Marxismus grauste, der seiner Ansicht nach ein Dogmatismus war, der unweigerlich in die Diktatur führte. Umso mehr, als der Marxismus die Auffassung Machiavellis übernommen hat, nach der der Zweck die Mittel heiligte.

Dennoch können wir feststellen, dass sich viel verändert hat. Der Kapitalismus hat sich gewandelt. Er hat mit dem Kapitalismus von vor hundert Jahren nichts mehr zu tun. Er ist nicht mehr so grausam und berücksichtigt trotz allem die Bedürfnisse der Arbeiterklasse, er kennt Altersgrenzen und Renten. Er ist sich bewusst, dass eine gewisse Solidarität für das Gleichgewicht einer Gesellschaft notwendig ist. In Deutschland zum Beispiel hat der Kapitalismus den Aktienbesitz von Angestellten und die Beteiligung der Beschäftigten an der Geschäftsführung und Leitung von Unternehmen gefördert. Man darf auch Roosevelt nicht vergessen, der einen wichtigen Schritt in Richtung sozialer Gerechtigkeit getan hat, indem er den Gedanken von der Verhältnismäßigkeit der Steuern einführte. Das war damals äußerst revolutionär gedacht. Auch Ford hat auf seine Weise zum Aufbau einer Art Sozialismus beigetragen. Durch die Autoproduktion ermöglichte er es Arbeitern, Autobesitzer zu werden und damit ihren Status zu verbessern, was unbestreitbar einen sozialen Fortschritt darstellte. Das alles waren vereinzelte, ungeplante Vorstöße. Ein Sozialist war lange Zeit jemand, der sich jeden Morgen beim Erwachen sogleich mit Fragen nach Gerechtigkeit, Gleichheit, Freiheit und Solidarität beschäftigte. Aber die Probleme ändern sich, und heutzutage ist durch die weltweite Umweltverschmutzung die Ökologie zu einem Hauptthema der Sozialisten geworden. Ich denke auch an bestimmte Staaten, wie Schweden, die durch ihre sozialen Einrichtungen zu Wohlfahrtsstaaten geworden sind, ohne ein sozialistisches, geschweige denn marxistisches Land zu sein.

Wir sind, wiederhole ich häufig, ein sehr kleines Land und ein sehr kleines Volk. Sechseinhalb Millionen Bürger, von denen

fünfeinhalb Juden sind. Werden sich andere Juden uns anschließen? Gibt es eine Zukunft für die Alija?

Nehmen Sie die ehemalige Sowjetunion. Obwohl die Einwanderungswelle aus diesem Land nach Israel beträchtliche
Ausmaße hatte, bleiben noch fast zwei Millionen Juden, die dort
leben und ihr Judentum mehr oder weniger offen praktizieren.
Oder nehmen wir Argentinien, von wo die Alija stetig zunimmt,
was sicherlich mit dem wirtschaftlichen Niedergang des Landes
zusammenhängt. Ich denke auch an Frankreich, kein antisemitisches Land, wo man jedoch einen Wiederanstieg antisemiti-
scher Übergriffe* beobachten kann. Und wenn schließlich unsere Rabbiner wieder zur Vernunft kämen und sich etwas offener zeigten, was die orthodoxe Definition von Juden betrifft,**
und in die israelische Gemeinschaft Halbjuden aufnähmen,
Vierteljuden und Menschen, die nur einen jüdischen Vater haben ... könnte uns eine wichtige Alija noch bevorstehen.

---

* Im Durchschnitt beläuft sich die Alija aus Frankreich jährlich auf
tausend Menschen. Diese Zahl hat sich 2002 verdoppelt. Laut Jewish
Agency wird man bis 2002 mit fast 2500 olim chadaschim [Neuein-
wanderern] rechnen können, verglichen mit 1002 Personen im Jahr
2001.

** Gemäß der Halacha, dem jüdischen Religionsgesetz, gilt nur die
Person als Jude, deren Mutter Jüdin ist oder die ordnungsgemäß zum
Judentum konvertiert ist. Das Rückkehrgesetz, das den Zugang zur
israelischen Staatsbürgerschaft gewährt, ist flexibler und und handhabt
die Frage des Verwandtschaftsgrads viel großzügiger.

Eine Verfassung?

Die Veränderungen, die Israel, seine Demografie und seine Strukturen betreffen, setzen regelmäßig eine Debatte über die Verfassung in Gang. Wir haben keine Verfassung, und die drei Gewalten Exekutive, Legislative und Jurisdiktion basieren bei uns auf einer Reihe von Gesetzen, den so genannten »Grundgesetzen«. Sollen wir uns zu einem Entschluss durchringen und uns ganz offiziell eine Verfassung geben? Dass einige Leute so auf einer Verfassung beharren, finde ich recht irritierend. Schließlich hat auch Großbritannien keine geschriebene Verfassung und ist dennoch eine große Demokratie. Meiner Meinung nach werden sich die elf »Grundgesetze«[*] nach und nach ganz unbemerkt in etwas verwandeln, das dann unsere Verfassung sein wird. Der Staat Israel weist eine Besonderheit auf: Er hat sich eine Regierung gegeben, bevor er überhaupt existierte. Und noch erstaunlicher ist, dass die Parteien in unserem Land lange vor der Proklamation des Staates existiert haben. Der Staat existierte als etwas, das der Jischuw[**] genannt wird. Aus diesem Grunde musste sich der Staat bei seiner Gründung mit Parteien arrangieren, die bereits vorhanden waren, auch wenn es umgekehrt natürlicher gewesen wäre. Diese Parteien haben das aktuelle Verhältniswahlrecht begründet, das ihnen sehr zupass kam. Heute sieht man leider, dass dieses System eine Stimmenzersplitterung mit sich bringt, die manchmal ans Absurde grenzt, Parteien mehr schützt als die staatliche Einheit und

---

[*] Zu den wichtigsten Grundgesetzen gehören das Rückkehrgesetz [5. Juli 1950, abgeändert 1954 und 1970] und das Gesetz über die Menschenwürde und Freiheit [17. März 1992, abgeändert am 8. März 1994].
[**] Dieser Begriff bezeichnet die Gesamtheit der jüdischen Einwohner Palästinas vor der Gründung des jüdischen Staates.

Bündnisse bestraft. Das Schicksal von Koalitionsregierungen ist ungewiss, und winzige Parteien, die manchmal nur von einem Abgeordneten vertreten werden, können über Wohl und Wehe entscheiden. Aus diesem Grund – damit bestimmte Bündnisse nicht zerbrechen – hat man den Orthodoxen über den Umweg der Parteien, die sie vertreten, immer mehr Einfluss gewährt, obwohl dies in keinem Verhältnis zu ihrem tatsächlichen Einfluss in der Bevölkerung steht. Man ist damit gefährlich nah an eine Vereinnahmung der Politik durch die Religion herangeschlittert. Würden nun die weltlichen Parteien einen Verfassungsentwurf erstellen, stünden sie angesichts der Existenz starker religiöser Parteien vor einer unlösbaren Situation. Sofort würde die Frage nach dem Verhältnis zwischen Religion und Staat aufgeworfen und sich erweisen, dass Ben-Gurion zu seiner Zeit Recht hatte, als er diese Frage aussparte und sie zukünftigen Generationen überließ. Obwohl seitdem ein halbes Jahrhundert vergangen ist, ist der Augenblick für ein solches Unterfangen nicht günstig. Ich würde mich nicht daranwagen. Ben-Gurion hatte zweierlei versucht: das Abfassen einer Verfassung zu verzögern und das Wahlrecht zu ändern. Meines Erachtens ist nicht der erste Punkt vordringlich, sondern der zweite. Unsere Schwäche liegt in unserem Wahlsystem, das dringend reformiert werden muss. Derzeit sitzen dreizehn Parteien in der Knesset. Für ein kleines Land wie das unsere und hundertzwanzig Abgeordnete ist das völlig unverhältnismäßig! Napoleon sagte: »Ich führe lieber Krieg gegen eine Koalition als mit einer Koalition.« Er hatte Recht. Diese Anomalie blockiert eine ganze Reihe interessanter Initiativen und Neuerungen. Wir müssen unbedingt zu einem System gelangen, in dem zwei oder drei Parteien im Parlament vertreten sind. Oder etwas mehr. Auf jeden Fall nicht dreizehn, sondern eine vernünftige Anzahl. Wie in Großbritannien und den meisten großen europäischen Ländern. Wie Lévi-Strauss sagte: Wenn die Waage falsch anzeigt, muss man nicht das Ergebnis ändern, sondern das Gerät. Ein Scherz besagt, dass die englische Verfassung aus drei Worten besteht: »It's not done.« – »Manche Dinge tut man einfach nicht.« Das Verhalten der Bürger im Alltag, das Fair Play, ist nicht weniger wichtig als die Verfassung. Wie steht es also mit einer Verfassung für Israel? Man muss darüber nachdenken, Schritt für Schritt vorgehen, versuchen, die Probleme zu umgehen, die die Religionsparteien zweifellos mit oft heiklen Argumenten aufwerfen werden. Aber eine zwangsläufige Notwendigkeit sehe ich nicht.

Die Macht der Orthodoxen

Die Verfechter eines laizistischen Staates ohne Wenn und Aber werden mir sagen: »Aber ohne eine geschriebene Verfassung werden wir der Einflussnahme der Orthodoxen in diesem Lande immer ausgesetzt bleiben!« Muss man die Privilegien der Orthodoxen nicht einschränken? Anormal ist in Israel nicht die Ausübung einer Religion und insbesondere der jüdischen Religion, sondern die Existenz religiöser Parteien. Ohne diese Parteien hätten wir sicherlich weniger Sorgen. Die Übersetzung theologischer Erwägungen in politische Begriffe stellt unser Land zweifellos vor Probleme. Die Wesensunterschiede zwischen den Religionen und der Politik sind eklatant. Denn auf der einen Seite haben wir es mit Religionen zu tun, die von Natur aus festgefügte Glaubenssätze haben: die Existenz Gottes, die Vorstellung von dem Einen Gott, die Dogmen, die Moralprinzipien und Lebensregeln, die Zeremonien, die Übergangsriten, die zyklisch wiederkehrenden Feiertage …, und auf der anderen Seite haben wir die Politik, die von Natur aus dynamisch ist und fluktuiert. Aus diesem Grund konnten wir erleben, wie die orthodoxen Parteien im Namen Gottes Positionen einnahmen, die keinerlei Bezug zur Politik haben. Im Übrigen weiß man, dass die Politik die

Kunst der Kompromisse ist. Die Religion dagegen lehnt ihrem Wesen nach jeden Kompromiss ab. Nicht dass der Politiker per definitionem ein Wesen wäre, das auf Kompromisse aus ist, aber die historische Erfahrung hat gelehrt, dass man ohne Kompromisse keine Staatsgeschäfte und keine Menschen führen kann.

Der Kompromiss, so wie ich ihn verstehe, setzt natürlich den Respekt vor dem Leben voraus. Wie Amos Oz sagte, könnte man das durch einen Vergleich mit dem Theater illustrieren. Gewöhnlich werden zwei Arten von Theater angeboten: die Weltsicht Shakespeares, bei dem die dramatische Seite bis zum Äußersten getrieben wird, mit Pathos und tragischen Entwicklungen. Und zum Schluss, am Ende des Stückes, wenn der Vorhang fällt, sind alle Helden tot. Dagegen steht die Sicht Tschechows. Der Verlauf des Stückes ist vom literarischen wie vom dramatischen Standpunkt aus nicht so packend wie bei den Stücken des Genies aus Stratford-on-Avon, aber wenn die letzten Worte des Textes gesprochen werden, sind die Protagonisten auf der Bühne alle noch am Leben. Sicherlich erschöpft, manchmal verwundet, vielleicht traurig … aber lebendig. Die Politik ist eher Tschechow als Shakespeare.

Eine Frage, die die politische Schicht in Israel lange beschäftigt und die Bürger gespalten hat, war die Auseinandersetzung zwischen Sefardim und Aschkenasim, zwischen den orientalischen und den europäischen Juden. Wer könnte die Black Panther* vergessen? Ich glaube, dass eine solche Debatte überholt ist. Zudem wird der Antagonismus durch Heiraten zwischen den Bevölkerungsgruppen und durch den israelischen melting pot allmählich verschwinden. Wenn diese Denkweise

---

* 1971 entstand zur Verteidigung der Rechte sefardischer Israelis, vor allem marokkanischer Abstammung, die Black Panther-Bewegung mit Saadia Marciano und Charlie Bitton an der Spitze.

immer noch existiert, so liegt das daran, dass die Juden im Allgemeinen und die Israelis im Besonderen sich gerne beklagen. Sich beklagen, auf Diskriminierungen hinweisen, ist für manche ein Statut, ja eine politische Linie. Parteien wie die Schas haben dieses Thema zu ihrem Steckenpferd gemacht. Wir dürfen nicht vergessen, dass viele so genannte Entwicklungsstädte von nordafrikanischen Juden gegründet wurden. Heute ziehen russische Juden in diese Städte, und man beobachtet das Entstehen einer explosiven und sympathischen Verbindung von Wodka und Couscous. Auch das ist Israel. Mit einer Prise schwarzer Juden aus Äthiopien, deren zweifellos komplizierte Integration langsam, aber sicher fortschreitet. Ich erinnere mich an das Erstaunen der ersten äthiopischen Juden, als sie bei ihrer Ankunft in Israel bemerkten, dass Frauen Hosen tragen dürfen, und an den rigorosen Verhaltenskodex, der bei dieser anfangs sehr unzugänglichen Gruppe herrschte. Inzwischen sind bei den »Falascha« nennenswerte Erfolge bei ihrer Integration in die Armee, in das Bildungswesen und Sozialsystem, zu verzeichnen.

Die nichtjüdischen Bürger

Auch wenn Israel seiner Bestimmung nach das Land der Juden ist, so wird das Land keineswegs nur von Juden bewohnt. In unserem Staat leben sechzehn Prozent nichtjüdische Bürger. Sind die anderen im Sinne der Halacha denn überhaupt Juden? Und wer ist eigentlich Jude? Ben-Gurion hat versucht, das Problem zu vereinfachen, und verkündet: »Jude ist jede Person, die guten Glaubens und unmissverständlich erklärt, Jude zu sein.« Ich möchte hinzufügen, dass für mich heute ein Jude ein Mensch ist, der seine Kinder zu Juden erziehen will. Es genügt nicht, zu sagen, dass ein Jude jemand ist, dessen Eltern Juden sind, wichtig ist, dass seine Nachkommen Juden bleiben werden.

Wenn ich vom jüdischen Charakter des Staates Israel spreche, höre ich hier und da, besonders in Europa, kritische Stimmen: »Und die anderen, die Nichtjuden? Sind sie Vollbürger? Praktiziert Israel nicht eine Form von Apartheid? Sind die israelischen Araber und die Palästinenser nicht in ›Homelands‹ gesperrt?« Das kann man nicht ernst nehmen. Es ist Unsinn. Rassismus gibt es in Israel nicht. Wir haben es nicht mit einem Krieg zwischen Schwarz und Weiß zu tun. Vergessen wir nicht, dass wir den Palästinensern vorgeschlagen haben, ihnen ihre Gebiete zurückzugeben und damit ein für alle Mal den Konflikt zu beenden. Sie waren es, die unser Angebot ausgeschlagen haben. In diesem Zusammenhang erinnere ich mich daran, dass einige glühende Verfechter des jüdisch-arabischen Dialogs in Frankreich vorgeschlagen haben, die Israelis sollten die Palästinenser im Rahmen einer feierlichen Zeremonie oder in einem schriftlichen Dokument sozusagen rückwirkend um die Erlaubnis bitten, sich auf dem Land ihrer Väter anzusiedeln, nach dem Motto »Entschuldigen Sie bitte, dass wir zurückgekommen sind, aber haben Sie die Güte, uns zu akzeptieren.« Das ist vollkommen unsinnig!

Die Geschichte entfaltet sich in der Zukunft, niemals in der Vergangenheit. Man kann die Vergangenheit nicht ändern. Die Araber selbst haben ein sehr eindeutiges Sprichwort: Was vergangen ist, ist tot. Untersuchen wir lieber objektiv die aktuelle Situation, die Gegenwart, um die Zukunft vorzubereiten. Die Palästinenser sagen: »Das ist unser Land.« Wir erwidern: »Sicher, aber seit wann?« Und wir fügen hinzu: »Ihr macht mit der Eigentumsurkunde in der Hand eine Präsenz von vierhundert Jahren geltend. Gut, aber wir unsererseits können mit Hilfe von ebenso ehrenwerten Besitzurkunden argumentieren, dass wir seit viertausend Jahren da waren.« Autos haben einen Rückwärtsgang, die Geschichte nicht. Man muss vorwärts gehen. Ich muss allerdings zugeben, dass der Zionismus, vor allem der von

Herzl vertretene, eine gewisse Unschuld, eine Naivität, ich möchte fast sagen erstaunliche Leichtgläubigkeit erkennen ließ. »Ein Land ohne Volk für ein Volk ohne Land.« Eine hübsche Formel, die aber nicht ganz der Wirklichkeit entsprach. Eine zahlenmäßig kleine und verstreute Bevölkerung lebte in dieser Region, die man als Araber und nicht als Palästinenser bezeichnete. Keine Unabhängigkeitsbewegung, kein Ansatz eines Kampfes gegen die osmanische Besatzungsmacht, keine Guerilla. Unter dem britischen Mandat (1917–1947) definierten sich alle Bewohner der Region, Juden wie Araber, als »Palästinenser«, auch wenn sie sich schon zu jener Zeit heftige Auseinandersetzungen lieferten. Die nationale Identität der heutigen Palästinenser hat sich im Grunde nur als indirekte Folge der Gründung Israels ausgebildet. Nie hatten Herzl und die Zionisten, die als Pioniere die Rückkehr der Juden nach Palästina betrieben, an eine Besetzung gedacht. Ihre Philosophie verlangte nach der Wiedererrichtung eines Judenstaats. Die verwahrloste Erde war trocken und erstarrt. Das Volk schien nicht zu existieren. Auf jeden Fall erschien es unorganisiert und ohne Nationalbewusstsein. Vielleicht mit einer Identität, einer religiösen Erinnerung. Der Siegeszug des tatkräftigen Zionismus, der Sieg über die malariaverseuchten Sümpfe, die geduldige und beharrliche Eroberung der Wüste, all das war die wahre Geschichte der Wiedergeburt Israels. Und diejenigen, die heute unter dem Vorwand einer »Neuen Geschichte« diese friedliche Eroberung schmälern oder herabwürdigen wollen, sind gewissermaßen Fälscher. Man schreibt die Geschichte nicht um. Was man unter allen Umständen tun muss, ist die Wahrheit sagen. Denn die Wahrheit kommt immer ans Licht, und ich kann all das bezeugen, denn ich war dabei.

Geschichte schreiben – Geschichte machen

Ich gehöre zu jenen, die die Geschichte unseres Landes gemacht haben. Israels »Neue Historiker«, die den Zionismus neu zu schreiben versuchen, sagen mir: »So haben sich die Dinge nicht wirklich abgespielt, die Araber sind 1948 nicht aus Palästina geflohen. Man hat sie verjagt. Der Großmufti Hadschi Amin Al-Husseini hat sie nicht aufgerufen, ihre Heimat vorübergehend zu verlassen und zurückzukommen, wenn das Gebiet von den Juden gesäubert wäre, die sich dort niedergelassen haben ...«

Diese Leute schreiben Geschichte. Ich habe sie erlebt. Das sind zwei völlig verschiedene Dinge. Wenn gewisse Leute behaupten, sie hätten irgendwelche Papiere entdeckt oder Ben-Gurion hätte dieses oder jenes gesagt, kann ich nur entgegnen: Ich war achtzehn Jahre lang Tag für Tag an Ben-Gurions Seite. Ich kann Ihnen versichern, dass ich seine Haltung zu jener Zeit genau kannte. Er war gegen die Idee, die Palästinenser zum Verlassen ihrer Städte und Dörfer zu zwingen. Ganz im Gegenteil. Manche Leute reden wirklich Unsinn. Ich gebe gerne zu, dass es bei der Darstellung der Geschichte Israels hier und da zu Irrtümern oder Auslassungen gekommen ist, aber meines Erachtens beschreiben die »Neuen Historiker« nicht die Wirklichkeit. Ich habe vieles gesehen, ich habe die Ereignisse miterlebt, und wenn ich mich auch nicht für objektiv halten kann, würde ich für mich in Anspruch nehmen, dass ich mich um größtmögliche Redlichkeit bemühe.

Einige Jahre früher wäre das unmöglich gewesen. Einige Jahre später wäre es zu spät gewesen. Das Abenteuer der Wiedergeburt Israels war in der Tat so außergewöhnlich, es bedurfte so vieler günstiger Umstände, die zusammenkommen mussten, damit sich ein scheinbar unerreichbares Traumbild zur Wirklichkeit verdichten konnte, dass die hartnäckigen Feinde Israels, von Neid und Rachsucht getrieben, es noch einmal versuchen.

Israel, beteuern sie lauthals, sei nur ein Zufall der Geschichte. Dieser Staat habe keine Zukunft und sei dazu bestimmt, in nächster Zukunft wieder zu verschwinden. Angesichts seiner bedeutenden arabischen Minderheit, deren Bevölkerungswachstums, des Krieges und der vielen Auswanderer werde der hebräische Staat nicht mehr lange bestehen. Diesen Propheten des Untergangs möchte ich antworten.

Israel, das bedeutet dreierlei: das Land, das Volk und die Idee. Und anstatt dass im Lauf der Jahrhunderte die Menschen die Idee bewahrt hätten, hat die Idee die Menschen bewahrt. Mehr als alle anderen Völker hat das jüdische Volk tragische Verluste erlebt – Verfolgungen, Zwangsbekehrungen, Pogrome, die Shoah … Und dennoch haben wir all das überdauert. Wir sind immer noch da, Tausende von Jahren nach unserer Zerstreuung. Wir sind ein zahlenmäßig kleines Volk, aber – das kann man ohne Prahlerei sagen – groß durch seine Gedanken, seine Philosophie, seinen Glauben. Man findet in der Geschichte nirgendwo eine andere Menschengruppe, die von einer solch revolutionären Entschlossenheit und einem so uralten und beharrlichen Streben nach einem Wandel seiner Lebensbedingungen getragen wird. Dazu kommen unsere große Kultur und unsere Traditionen, die im Laufe von Jahrhunderten in Hunderten von Ländern und Landstrichen auf der ganzen Welt entstanden sind. Natürlich ändern sich die Dinge, entwickeln sich weiter. Israel verändert sich. Aber auch Frankreich verändert sich, vor allem durch den Zustrom von neuen Bevölkerungsgruppen aus Nordafrika, die bewirkt haben, dass der Islam allmählich zur zweitwichtigsten Religion des Landes wurde. Deutschland verändert sich, Europa gestaltet sich und hat bald fünfundzwanzig Mitglieder; das Amerika der »WASP«, der White Anglo-Saxon Protestants, ist ein Mischvolk geworden. Die ganze Welt ist im Grunde in ständigem Wandel begriffen. Das ist zum großen Teil eine Folge der Abschaffung von Grenzen, die ihre Bedeutung immer mehr verlieren. Die Öffnung der Grenzen verringert ethnische Unterschiede, die sich immer mehr verwischen. Kein Land der Erde hat eine Zukunft, wenn es nicht das Recht auf Unterschiede als wesentliches Element seiner Existenzberechtigung betrachtet. Demokratie ist nicht nur das Recht auf Gleichberechtigung, sondern auf Gleichberechtigung im Anderssein.

Die israelischen Araber und der Staat Israel

All jenen, die behaupten, die in Israel lebenden Araber seien keine vollberechtigten Bürger unseres Staates und träumten nur von seinem Verschwinden, und einige Vertreter der arabischen Parteien träten für eine Entzionisierung Israels, also eine weniger »jüdische« Orientierung des Landes, ein, all jenen, die erklären, die Mehrheit der israelischen Araber würde, wenn sie könnte, lieber heute als morgen in einem Palästinenserstaat leben, kurz, all jenen, die mit dem Finger auf die israelischen Araber zeigen und sie als potentielle fünfte Kolonne hinstellen, möchte ich entgegnen: Ich finde diese Vorstellung von einer fünften Kolonne absurd, glaube aber, dass es innerhalb der arabischen Bevölkerung in Israel Inseln gibt, in denen die Intifada Unterstützung findet. Aber die israelischen Araber haben vor allem Angst, ihre Staatsbürgerschaft zu verlieren, und wollen sich nicht generell von ihren jüdischen Mitbürgern absondern. Abu Masen hat kürzlich in einer Rede an unsere Position erinnert, die sich nicht geändert hat und die von den israelischen Arabern verlangt, sich nicht an der Intifada zu beteiligen. Denn sie hätten durch eine ambivalente Haltung mehr zu verlieren als zu gewinnen. Trotzdem bleiben Schwierigkeiten bestehen, wenigstens in dreierlei Hinsicht. Man darf nicht vor der offensichtlichen Tatsache die Augen verschließen, dass die Palästinenser, mit denen wir im Konflikt stehen, die Brüder jener Araber sind, die 1948 Bürger des hebräischen Staates wurden. Man kann das Gefühl von Solidarität verstehen, das sie bewegt. Zweitens: Obwohl die soziale wie gesellschaftliche Integration der Araber in Israel große Fortschritte gemacht hat und ihr Lebensstandard dem der Palästinenser und der anderen Araber in der Region überlegen ist, bleibt er hinter dem der Juden zurück. Das liegt daran, dass die arabische Gesellschaft in Israel im Wesentlichen von der Landwirtschaft lebt. Trotz aller Fortschritte bei Ackerbau und Viehzucht, Bewässerung und Plantagenpflanzung geht der Fortschritt der modernen Gesellschaft im Wesentlichen auf die Hochtechnologie zurück, eine Sphäre, in die die Araber noch nicht integriert sind. Als ich Außenminister war, habe ich diese Missstände bekämpft. Doch die Last der Tradition führt dazu, dass man in den arabisch-israelischen Dörfern praktisch keine Spur von High Tech vorfindet. Das muss rasch geändert werden. Und dann habe ich bereits darauf hingewiesen, dass Israel, wie alle Demokratien, ein Beschwerde-Land ist – mit einem gravierenden Unterschied: Wenn die Juden im Land mit etwas nicht zufrieden sind, lasten sie es der Regierung an und können durch ihre Stimmabgabe die Veränderungen bewirken, die sie sich erhoffen. Wenn die Araber im Land nicht zufrieden sind, nehmen sie – obwohl sie die Vorteile der Demokratie und die Stimmzettel schätzen gelernt haben – eine andere Haltung ein: Sie machen ethnische Probleme verantwortlich. Doch tief im Inneren wissen die israelischen Araber, auch wenn sie es nicht ohne weiteres zugeben würden, dass sie durch ihre Entscheidung, in Israel zu leben, viel gewonnen haben.

Wenn arabische Abgeordnete darauf bestehen, der jüdische Charakter des Staates solle eliminiert werden, damit die zionistische Dimension Israels erlösche, klingen solche Ideen in israelischen Ohren nach einer Aufforderung zum Selbstmord. Als fordere man von den arabischen Ländern, sich ihres arabischen Charakters zu entledigen. Eines muss klar sein: Ein jüdischer Staat ist der, in dem eine jüdische Mehrheit lebt, und ein arabischer Staat ist ein Staat, in dem die Araber in der Mehrzahl sind.

Meiner Ansicht nach muss man sich unaufhörlich für die Brüderlichkeit unter den Völkern und den Triumph der Demokratie einsetzen. Auf meine Art und mit meinen bescheidenen Mitteln wollte ich meinen Beitrag zur Sache der Demokratie mit der Gründung des »Peres Center for Peace« leisten. Dieses Zentrum sieht seine Aufgabe in erster Linie darin, brüderliche Beziehungen zwischen allen Völkern der Welt zu fördern. Es begünstigt Kontakte zwischen Künstlern, Landwirten, Bauern, Sportlern, Ärzten. Das Zentrum befasst sich auch mit High-Tech-Projekten. Keine Kategorie ist ausgenommen. Wir haben viele Projekte. Das Zentrum soll seinen Sitz in Jaffa, zwischen dem jüdischen und dem arabischen Viertel, haben. Das Zentrum, das Forschungsstipendien vergibt, wird nicht von der Regierung subventioniert, sondern erhält private Fördergelder. Man findet darin Bibliotheken, Theater, medizinische Versorgung, vor allem bei Augenerkrankungen, zu denen es in unserem Klima und unserer Region häufiger kommt. Dank des Zentrums kann man Ferndiagnosen stellen und eine entsprechende Behandlung verschreiben. Wir haben einen Spezialfonds für verletzte und kranke palästinensische Kinder eingerichtet. Da sie keine Sozialversicherung haben und ihre medizinische Versorgung sehr mangelhaft ist, spielen sich vor unseren Augen Tragödien ab, und Kinder sterben oder tragen Behinderungen davon, obwohl sie ohne weiteres zu heilen wären. Mit Hilfe dieses Fonds können sie in erstklassigen israelischen Kliniken behandelt werden. Es ist praktisch die einzige israelische Einrichtung, mit der die palästinensischen Behörden gegen alle Widerstände und allen aktuellen Schwierigkeiten zum Trotz weiterhin Beziehungen aufrechterhalten.

Es gibt den Bereich der Politik und den Bereich des Heiligen. Der Bereich des Heiligen verlangt uns noch eine größere Sensibilität ab als der Bereich der Politik, insbesondere, wenn es um Jerusalem geht.

Jerusalem, Jerusalem …

Keine Stadt Israels liegt dem jüdischen Volk mehr am Herzen als Jerusalem. Jeruschalajm. Dem Wortsinn nach »die Stadt des Friedens«. Die historische Hauptstadt König Davids wird hundertfach im biblischen Text zitiert. Wer kennt nicht die bewegenden Worte aus Psalm 137: »Wenn ich dich je vergesse, Jerusalem, / dann soll mir die rechte Hand verdorren. / Die Zunge soll mir am Gaumen kleben, / wenn ich an dich nicht mehr denke, / wenn ich Jerusalem nicht zu meiner höchsten Freude erhebe.« Vom Anbeginn der Zeiten an gipfeln die Gebete an Pessach, dem jüdischen Osterfest, in dem gesungenen Ruf: »Nächstes Jahr in Jerusalem!« Allgegenwärtig im täglichen jüdischen Ritus ist Jerusalem geradezu das Symbol für die Einheit und den Fortbestand des jüdischen Volkes. Eben darum hat David Ben-Gurion 1948 beim Kampf um Latrun der Kontrolle der Heiligen Stadt höchste Priorität eingeräumt.

Mit dem Namen des Ortes Latrun, Sitz einer Abtei, sind schmerzliche Erinnerungen an den Unabhängigkeitskrieg verbunden. Durch Latrun führte der Weg, um die von den Arabern belagerten jüdischen Einwohner Jerusalems zu versorgen. Er war für die jüdischen Soldaten so lebensgefährlich, dass einige Kilometer südlich eines Nachts heimlich eine Umgehungsstraße, die »Burma-Route«, angelegt wurde. Da die Stellung Latrun während der Waffenruhe im Juni / Juli 1948 von der Arabischen Legion besetzt war, wurde der Ort 1949 Jordanien zugesprochen. Seit dem Sechs-Tage-Krieg gehört er zu Israel. Der gesamte Ostteil Jerusalems mit dem historischen jüdischen Viertel wurde bis zu diesem Krieg 1967 von Jordanien kontrolliert. Obwohl es in den Waffenstillstandsvereinbarungen anders vorgesehen war, konnten die Israelis die heiligsten Stätten des jüdischen Volkes nicht aufsuchen und auch nicht die Hebräische Universität oder das Hadassah-Hospital auf dem Skopus-Berg.

Ich denke auch weiterhin, dass Jerusalem ungeteilt bleiben sollte. Aber man muss auch den Druck der Verhältnisse einkalkulieren. Doch wie liegen die Verhältnisse heute?

Jerusalem besteht aus zwei Teilen: dem alten Jerusalem, der historischen Stadt, und dem modernen Jerusalem.

Achtzehn Viertel

Im modernen Jerusalem zählt man achtzehn Viertel, achtzehn Stadtteile, von denen zehn in der Mehrzahl jüdisch sind. Sie werden zu dem jüdischen Jerusalem gehören. Acht sind überwiegend arabisch. In Camp David wurde vorgeschlagen, dass im Rahmen eines Palästinenserstaates diese Viertel das arabische Jerusalem, Al Kuds, die Hauptstadt des Staates, bilden sollten. Die Bevölkerung dieser Stadtteile beläuft sich gegenwärtig auf 200 000 Einwohner. Nicht einmal die Mitglieder von Likud empfehlen, ihnen die israelische Staatsangehörigkeit aufzuzwingen. Parallel dazu gibt es die Altstadt, den historischen Stadtkern, mit dem, was die einen den Tempelberg und die anderen die Esplanade der Moscheen nennen, mit der Westmauer, dem Kotel, und einer Vielzahl von Monumenten und heiligen Stätten der drei großen monotheistischen Religionen. Meines Erachtens muss man alle politischen Hoheitsrechte über die Heiligen Stätten aufgeben und eine religiöse Oberhoheit einsetzen. Man muss diese Zone als offene »Welthauptstadt« anerkennen, in der jede Religion ihre eigenen heiligen

Orte verwalten und bewahren kann – Kirchen, Moscheen, Synagogen …

Auf städtischer Ebene würde die Altstadt von einem Bürgermeisteramt und einer örtlichen Polizeitruppe aus Israelis und Arabern verwaltet werden. Diese spezifische Stadtverwaltung stünde unter der Ägide des Generalsekretärs der Vereinten Nationen, unterstützt von zwei Stellvertretern, dem israelischen und dem palästinensischen Premier.

Auf einer Anhöhe über der Altstadt liegt der ehemalige Palast des britischen Gouverneurs von Palästina, in dem sich heute das UNO-Hauptquartier befindet. Dieser Bereich würde zu einem UNESCO-Zentrum zur Förderung der Kultur der Region und auch zu einem Zentrum für die Friedenstruppen der Vereinten Nationen. Das wäre wirklich eine Lösung, die die Interessen und Hoffnungen aller Stadtbewohner mit einbezöge. Es ist eine kreative und realistische Position. Wenn ich also Jassir Arafat, der sich als »Kenner des Judentums« ausgibt, behaupten höre, es habe nie einen jüdischen Tempel in Jerusalem gegeben, und die jüdische Präsenz in der Stadt sei ein historischer Schwindel, sage ich mir, er solle seine Einstellung besser noch einmal überdenken. Man muss in dieser Sache Vernunft walten lassen und sich gleichzeitig als fähig erweisen, die Zukunft zu gestalten. Man darf Träume nicht kaufen und verkaufen. Man muss Lösungen suchen.

Auch wenn Jerusalem ein wichtiges Thema im Friedensprozess ist, so gibt es durchaus auch noch andere Probleme, die bereits in der Vergangenheit zur Sprache kamen und die das Klima vergiften. Wie zum Beispiel der Antisemitismus.

Israel, Afrika, der Islam
und der neue Antisemitismus

Eine Welle des Antisemitismus, sichtbar an Hunderten feindseligen, zum Teil besonders böswilligen Übergriffen, ist in letzter Zeit über Frankreich und andere europäische Staaten hinweggegangen. Der höchste Repräsentant der Juden Frankreichs, Roger Cukierman, hat die Staatsorgane auf dieses beunruhigende Phänomen hingewiesen und verlangt, dass die Juden in Frankreich als Bürger des Landes sowie ihre Kultorte besser geschützt und die Schuldigen verhaftet und gerichtlich belangt werden müssten. Anscheinend sind für diese Taten meistens junge Einwanderer aus dem Maghreb verantwortlich.

Zweifellos erlebt man hier die Entstehung einer neuen Form des Antisemitismus. Dennoch, und obwohl der israelische Vizeaußenminister Michael Melchior Frankreich als antisemitisches Land bezeichnet und die Juden Frankreichs aufgefordert hat, möglichst rasch nach Israel zu kommen, darf man diesen Aufruf zur Alija nicht nur vom Ausmaß des Antisemitismus abhängig machen. Ich teile die Meinung des französischen Präsidenten Jacques Chirac, der eine Kommission zu dieser Frage einberufen hat, und halte das Frankreich von heute nicht für ein antisemitisches Land. Unbestreitbar hat in diesem Land der Antisemitismus heftig zugenommen, aber das hat andere Gründe. Im Verlauf seiner Geschichte hat Frankreich den Juden gegenüber eine liberale Haltung an den Tag gelegt. 1791 wurden die Juden rechtlich gleichgestellt. Und sogar später noch, in der düsteren Zeit der Dreyfus-Affäre, konnte man ein erstaunliches und beruhigendes Phänomen beobachten: Nach einem politisch deutlich antisemitischen Urteil gegen einen jüdischen Offizier, nach seiner Degradierung und Verbannung, erhob sich ein Proteststurm. Frankreich war gespalten, und Zolas »J'accuse« rettete die Ehre des Landes. Und später, im Schrecken des Zweiten Weltkriegs, der Shoah und der deutschen Besatzung, konnten trotz des Kollaborationsregimes von Marschall Pétain siebzig Prozent der Juden gerettet werden. Das werde ich für mein Teil nie vergessen. Schließlich hat uns Frankreich in den ersten Jahren des wiedergeborenen jüdischen Staates in einer schwierigen Periode unserer nationalen Existenz geholfen, und zwar politisch wie auch durch Waffenlieferungen, die für unser Überleben unentbehrlich waren.

Ebenso wenig vergesse ich, dass jüdische Politiker ihre Zugehörigkeit nicht verleugneten und in diesem Land eine herausragende Rolle gespielt haben. Ich denke vor allem an Léon Blum und Pierre Mendès France, überzeugte Franzosen, sicherlich, aber auch ganz und gar Juden. Léon Blum war in der Jewish Agency sehr aktiv, und Mendès France hat sein Judentum nie versteckt. Doch tatsächlich gibt es in Frankreich Antisemitismus. Das ist eher ein französisches als ein jüdisches Problem. Er ist nicht eine Krankheit der Juden, sondern eine Krankheit der Nichtjuden. Er ist ein Hinweis darauf, dass etwas in diesem Land nicht stimmt, dass es in der Gesellschaft Brüche, Defekte gibt.

Die antisemitischen Ausschreitungen in Frankreich, aber auch in Deutschland beunruhigen mich, so wie mich auch die militanten Mitglieder von ATTAC, der Organisation von Globalisierungsgegnern, beunruhigen, vor allem ihre Tendenz, bei den Gipfeltreffen der industrialisierten Länder und andernorts unangebrachte antiisraelische oder gar antisemitische Äußerungen zu verbreiten.

Man kann den Gang der Geschichte nicht aufhalten. Die

Globalisierung, die nach und nach die ganze Welt erfasst, ist keineswegs eine Ideologie. Es handelt sich um eine der größten Umwälzungen der Menschheitsgeschichte, die größte wahrscheinlich. Jahrhundertelang kreiste die menschliche Arbeit traditionell um Landwirtschaft und Rohstoffe. Die Landwirtschaft machte früher die Hälfte der menschlichen Tätigkeit aus, heute hingegen nur noch drei Prozent. Die Quelle der Macht, die Grundlage der Herrschaftsgewalt waren die Landwirtschaft und ihre Folgen. Die Landwirtschaft war die Basis für die Aufteilung von Gebieten in Länder und die Aufstellung von Armeen. Heutzutage haben die Wissenschaft und ihre technischen Anwendungsmöglichkeiten den Boden ersetzt. Die Wissenschaft kennt weder Grenzen noch eine Unterscheidung in Herren und Knechte. Sie ist von ihrem Weltbild her völlig offen. Bislang hing alles von dem ab, was ich das »Unbewegliche« nennen würde – landwirtschaftliche Flächen, Gebäude, Maschinen, materielle Energie- und Kommunikationsquellen. Es handelte sich um unbewegliche, statische Mittel. Die Zukunft gehört der Mobilität.

Alle militanten Globalisierungsgegner liefern ein fortschrittsfeindliches Nachhutgefecht. Eine alte Welt stürzt zusammen, eine neue ersteht. Nichts kann den Fortschritt aufhalten. Natürlich ruft das die Nostalgiker auf den Plan, die Ewiggestrigen regen sich auf. Und der Antisemitismus, den man bei manchen von ihnen wahrnimmt, ist ein Bestandteil dieser Reaktion auf eine Welt, die sich bewegt, die in unendlich kurzer Zeit Grenzen überwindet und in der die Juden, wie man leicht feststellen kann, stark engagiert sind. Bei meinen letzten Aufenthalten in Frankreich konnte ich mich des Gefühls nicht ganz erwehren, dass man vor allem in der jüdischen Gemeinde den Eindruck hat, als neigten die französischen Staatslenker eher zu einer pro-arabischen als einer pro-israelischen Haltung. Und als würden sie in ihrem Bestreben, zum Frieden beizutragen, eher die Stimme der Israel-Gegner favorisieren …

Ich bin mir dessen nicht sicher. Man muss verstehen, dass sich die französische Politik gegenüber den USA positionieren will. Man ist auf der Suche nach einer klar umrissenen Rolle der Europäer. Die Europäer wollen kein Satellit im Schlepptau der Vereinigten Staaten sein. Andererseits, und das betrifft vor allem Frankreich, ist dessen anhaltende Präsenz in der arabisch-islamischen Welt ebenfalls ein wichtiger Gesichtspunkt. Der Unterschied zwischen Franzosen und Engländern besteht meines Erachtens darin, dass die Engländer stets die Interessen der Krone, »the British interest«, an erste Stelle setzen, während die Franzosen vor allem die »französische Präsenz« im Augen haben. Wer von »Interessen« spricht, evoziert damit unweigerlich rein materielle Erwägungen. Die »französische Präsenz« dagegen beschwört eher den Gedanken an etwas Geistiges, Philosophisches, Historisches herauf. Viele Franzosen glauben, die Parteinahme für den Libanon oder für Syrien sei in gewisser Weise ein Eintreten für die Frankophonie. Das Gipfeltreffen der französischen Sprachgemeinschaft in Beirut hat das erst kürzlich demonstriert und die Aufmerksamkeit auf die ungerechte Ausgrenzung Israels bei dem Treffen gelenkt. Wir müssen protestieren und alles veranlassen, damit diese Anomalie rückgängig gemacht wird. Aber wir müssen darauf achten, unsere Freunde in dieser Sache nicht zu kränken. Wir sollten, denke ich, mit Beharrlichkeit um Freundschaft werben und uns nicht in Animositäten verstricken. Die Europäer ihrerseits, auch Frankreich, sollten große Vorsicht walten lassen und nicht den Eindruck einer einseitigen Betrachtungsweise erwecken. Nur wer sowohl mit Arabern als auch mit Israelis Beziehungen unterhält, kann eine Rolle im Friedensprozess spielen. Frieden kann man nur zwischen zwei Beteiligten schließen. Für Eigenbrötler ist dabei kein Platz. Es ist ein heikles Terrain, ja, es ist wahrhaftig ein Eiertanz. Deshalb rate ich zu großer Umsicht und viel Fingerspitzengefühl. Schließlich sind – entgegen einem wohl bekannten

Spruch – die Freunde meiner Feinde nicht notwendigerweise meine Feinde. Ein amerikanischer Dichter hat einmal gesagt, ein Steg sei eine verhinderte Brücke, weil er nur auf einem Bein steht.

Israel und Afrika

Es gibt einen Kontinent, mit dessen Schicksal ich mich sehr verbunden fühle, und das ist Afrika. Vor einigen Jahrzehnten hat Israel viel in Afrika investiert und mit so gut wie allen afrikanischen Ländern Beziehungen unterhalten. Bedauerlicherweise haben wir nach und nach eine fast vollständige Kehrtwendung erlebt. Die Konferenz im südafrikanischen Durban 2001 hat gezeigt, wie tief der Graben ist, der sich zwischen Israel und Afrika aufgetan hat und, schlimmer noch, zwischen den Juden und Schwarzafrika insgesamt. Ich erinnere mich an Zeiten, in denen die Afrikaner von den israelischen Erfahrungen profitierten, Errungenschaften oder doch zumindest Entwicklungen aus Israel übernehmen und ihren Erfordernissen anpassen wollten. Das betraf vor allem die Agrarwirtschaft, die Schaffung von staatlichen Strukturen und Jugendorganisationen. Israels Besonderheit bestand darin, dass es einerseits ein sehr weit entwickelter Staat war, andererseits ein winziges Land. Das beruhigte unsere afrikanischen Partner, die in uns keinesfalls eine kolonialistische Bedrohung sahen, die sie in ihrem Verhältnis zu großen Ländern immer in Sorge versetzte. Wir kamen wirklich mit brüderlichen Gefühlen zu ihnen, um zu ihrer Entwicklung beizutragen.

Heute, nachdem die afrikanischen Länder ihre Unabhängigkeit erlangt haben, werden sie durch schreckliche Probleme in ihrem Elan gebremst. Obwohl Imperialismus und Kolonialismus besiegt sind, bleiben die oft willkürlich mit dem Lineal gezogenen Grenzen, die von den ehemaligen Kolonialmächten aufgezwungene Zerstückelung des Kontinents bestehen, und Afrika wird immer noch von ethnischen Kämpfen zwischen Minderheiten und Mehrheiten aus den Ländern der alten Kolonialreiche zerrissen. Bürgerkriege, in denen sich hasserfüllte Mehrheiten der Minderheiten aus anderen Stammesgruppen entledigen wollen, verwüsten den afrikanischen Kontinent. Die finanzielle Hilfe, die Afrika gewährt wird, verwandelt sich in einen Albtraum. (Durch einen wahren Taschenspielertrick hat man die Steuergelder armer Bevölkerungsteile in reichen Ländern dazu benutzt, den Reichen und Mächtigen in armen Ländern Geschenke zu machen. Es ist ein Gräuel!) Das hat einige afrikanische Machthaber und ihr Gefolge zu großer Prachtentfaltung verleitet, die in keinem Verhältnis zur beständigen Armut und den erbärmlichen Lebensbedingungen der Bevölkerung in ihren eigenen Ländern steht, für die sie doch die Verantwortung tragen.

Wie könnte man Afrika aus dieser Stagnation befreien? Meiner Ansicht nach liegt die Lösung in dem Modell, das Europa für sich gefunden hat – in der Vereinigung. Afrika strebt trotz seiner ethnischen Unterschiede eine wirtschaftliche Kooperation an. Diese Konstruktion existiert bereits als Entwurf, und es gibt zwei oder drei länderübergreifende Organisationen. Dabei denke ich vor allem an die OAU, die Organisation für Afrikanische Einheit, die regierungsübergreifend 1963 geschaffen wurde. Oder an die U.E.M.O.A., die Westafrikanische Wirtschafts- und Währungsgemeinschaft.

Die Organisation »blockfreier Staaten«, diese tragikomische und künstliche Farce, zu der einst Jugoslawien, Ägypten, Kuba und Indien gehörten, muss endgültig der Vergangenheit angehören. Frei wovon und wozu? Haben sie sich diese Frage je gestellt? Dieses rückständige Konzept hat Afrika an seiner Entwicklung gehindert und es gewissermaßen zum Opfer gemacht.

Die afrikanischen Länder, die sich auf Grund von Opportunismus oder Kalkül in der UNO den arabischen Ländern in ihrer monotonen und mechanischen Verdammung Israels angeschlossen haben, erkennen nun ihren Irrtum. Der durch ihre Kehrtwendung erhoffte Nutzen in Gestalt von finanzieller Unterstützung oder arabischen Investitionen wurde ihnen nicht zuteil, und sie ermessen allmählich, wie groß die Illusionen waren, in denen sie sich gewiegt haben. Doch im selben Moment, da diese Länder ihren Irrtum erkennen, beobachtet man ein neues, großes Problem in Afrika – das schleichende Vordringen des islamischen Fundamentalismus. Dreißig Prozent der Afrikaner haben den Islam angenommen. Die Kultur ehemals christlicher Länder wie Äthiopien verändert sich. Afrika ist somit paradoxerweise gespalten zwischen seiner politischen Desillusionierung, was die arabische Welt betrifft, und der religiösen Anziehungskraft des Islam. Und das größte Paradox ist, dass mehrere afrikanische Staaten im Friedensprozess zwischen Israel und Palästina gerne Vermittler sein würden. Dem südafrikanischen Präsidenten Thaba Mbéké, der mir seinen Wunsch vortrug, habe ich entgegnet, dass dies nur möglich wäre, wenn sich die afrikanischen Staaten in ihrer Politik den beiden Seiten gegenüber wieder ausgewogener verhielten.

Wie kann man dazu beitragen, dass Afrika aus dieser schwierigen Situation wieder herausfindet? Meines Erachtens verfügt der Kontinent über enorme natürliche Reichtümer – denken wir nur an sein Produktionspotential an sauberer Elektrizität. Afrika, der Kontinent der Widersprüche, besitzt einerseits die Wüste mit ihrer extremen Dürre, ihrer Trostlosigkeit und andererseits die großen Wasserfälle mit ihrem außergewöhnlichen Energiepotential. Afrika kann von beidem profitieren, indem es sowohl die Sonnenenergie als auch die hydroelektrische Energiegewinnung entwickelt und zu einem wichtigen Lieferanten sauberer Energie für Europa werden könnte. Europa steht nämlich vor zahlreichen durch Kohle, Erdöl und Atomenergie verursachten Problemen. Die Umweltverschmutzung hat bedrohliche Ausmaße erreicht. Wenn Afrika Europa saubere Energie liefern könnte, die keine Umweltschäden verursacht, wäre das eine wahre Revolution. In bescheidenem Umfang möchte Israel, mit Hilfe seiner zahlreichen Kontakte zu Afrika, die Rolle des Heiratsvermittlers zwischen Europa und dem schwarzen Kontinent spielen und ein ehrgeiziges Projekt auf den Weg bringen, das um die sechzig Milliarden Dollar kosten würde, das heißt sechs Milliarden Dollar pro Jahr, was nicht sehr viel ist, wenn man den reichhaltigen Ertrag bedenkt. All das fügt sich gut in die derzeit zunehmende geographische Öffnung beim Kauf von Energieträgern. Durch die Abschaffung nationaler Monopole hat Europa auf diesem Gebiet einen großen Schritt nach vorne gemacht, denn heute hindert nichts Italien zum Beispiel daran, seine Elektrizität in Frankreich zu kaufen.

Israel und der Islam

Man kann es nicht oft genug wiederholen: Wir Israelis sind keine Feinde des Islam. Das hindert uns jedoch nicht daran, uns der Bedrohung bewusst zu sein, die islamistische Tendenzen für die Welt bedeuten.

Der Islam ist eine große, von über einer Milliarde Menschen praktizierte Religion. Natürlich wird diese Religion Bestand haben. Sie wird nicht verschwinden. Doch der Islam wird sich, wie alle anderen Religionen auch, wandeln, wird sich unserer Welt anpassen, die jeden Tag ein wenig anders ist als vorher. Das Zeitalter, in dem Mohammed lebte, ist ein anderes als das, in dem Atatürk lebte oder in dem wir heute leben. Auch wenn man den

Eindruck hat, dass heute in der Türkei seit dem Ergebnis der letzten Parlamentswahlen der Islam wieder auf dem Vormarsch ist. Tatsächlich jedoch, und das ist einigermaßen beruhigend, funktionieren in der Türkei die demokratischen Einrichtungen unter der Ägide eines militärischen Oberkommandos. Vergessen wir auch nicht, dass die Türkei im Rahmen ihres Aufnahmeantrags in die EU trotz allen Drängens der »gemäßigten Islamisten« das Grundprinzip der Trennung von »Kirche und Staat« akzeptiert hat. Noch einmal: Die islamische Welt hat keine andere Alternative als eine Anpassung an die moderne Welt. Man spricht immer häufiger von dem bald anstehenden Beitritt der Türkei zur Europäischen Union. Die Gegner dieses Beitritts bringen alle möglichen Gründe vor. Ich dagegen bin für eine Aufnahme der Türkei ins Ensemble der europäischen Nationen. Dabei spielt die Geographie nur eine untergeordnete Rolle. Heutzutage ist die Ökonomie weit bedeutsamer als die Geographie. Und da die Wirtschaft sich immer mehr globalisiert, gibt es für die Geographie keinen Grund, dem nicht zu folgen.

Historisch gesehen hat sich die Strategie immer auf drei Elemente gestützt: Schnelligkeit, Raum, Quantität, das heißt Überlegenheit. Die Bedeutung der Entfernungen hat sich seit der Entwicklung von Informationstechnologie und Internet beträchtlich verringert. Wichtig ist die wissenschaftliche, wirtschaftliche und kulturelle Qualität. Dennoch ist natürlich Europa in gewissem Sinn eine »christliche« Erfindung. Die Europäische Union war anfangs eine Idee dreier christlicher Staatsmänner, Robert Schumans, Konrad Adenauers und des Italieners De Gasperi. Doch es wäre ein Irrtum anzunehmen, dass diese Prägung so bleiben muss. Das einzige Ziel Europas ist es, eine wirtschaftliche und strategische Gemeinschaft zu werden. Meines Erachtens wäre die Aufnahme eines islamischen Landes für sie eine Bereicherung.

Meinem Gefühl nach wird Europa, je stärker es ist, umso mehr die Zukunft des Nahen Ostens beeinflussen können. Ich bin zutiefst davon überzeugt, dass eine Harmonisierung der Positionen von Amerikanern, Russen und Europäern von wesentlicher Bedeutung ist. Jede Neigung zu Alleingängen seitens eines der Partner kann den Konflikt nur verschärfen. Alle Konfrontationen rund ums Mittelmeer waren Auswirkungen des Kalten Krieges. Die Völker der Region haben für die Spaltung der Welt einen hohen Preis gezahlt. Der Nordatlantikpakt wurde im Zuge des Kampfes gegen die UdSSR geschlossen, die zerfallen ist und mit ihr der Grund für ein solches Bündnis. Das Epizentrum eines potentiellen Weltenbrandes hat sich verlagert. Heute liegt es im Nahen Osten. Dort findet man den heftigsten religiösen Fanatismus, die neuralgischen Zentren der Terrororganisationen und Selbstmordkommandos und die Lager nicht-konventioneller Waffen, Elemente, die sich zu einer hoch explosiven Mischung verbinden. Und, um dem Ganzen die Krone aufzusetzen: Es mangelt fast vollständig an Demokratie, und es regiert eine Horde von Diktatoren. All diese Zutaten vermischen sich im Nahen Osten zu einem teuflischen Gebräu. Angesichts dieser beispiellosen Entwicklungen müssen Europäer, Amerikaner und Russen ihre Anstrengungen koordinieren, müssen alle Partner von der Notwendigkeit des Friedens überzeugt sein und ihre Bemühungen gemeinsam in zwei Richtungen vorantreiben: den Terrorismus beenden und einen anderen, neuen Nahen Osten aufbauen.

Die amerikanische Intervention im Irak hatte einen Regierungswechsel zum Ziel, um die Region vom Joch der Tyrannei zu befreien. Sie wird den geopolitischen Charakter des Nahen Ostens nicht verändern, denn sie hat keine neokolonialistischen Absichten. Historisch und geographisch gesehen müsste der

Nahe Osten als Ganzes eine Erweiterung Europas werden. Wohin führt der Weg?

Europa, bald auf 25 oder 26 Länder angewachsen, nimmt Gestalt an. Amerika, von Kanada bis Argentinien, wird sich zu einem Gemeinsamen Markt zusammenschließen. Es ist dringend erforderlich, dass sich der Nahe Osten an Europa anbindet. Und sei es auch nur, weil auf dem Boden europäischer Länder, insbesondere Frankreichs, wichtige arabisch-islamische Minderheiten leben. Es gibt zwanzig Millionen Muslime in Europa, davon mehrere Millionen in Frankreich. Da ich von Afrika und den sehr guten Beziehungen sprach, die wir lange zu den Ländern Schwarzafrikas unterhalten haben, kann ich auch nicht umhin, den Iran zu erwähnen, ein Land, mit dem uns eine gemeinsame Geschichte verbindet und mit dem wir vor nicht allzu langer Zeit eng verbunden waren.

Der Iran im Widerspruch

Der Iran hat nach dem Muster der ehemaligen Sowjetunion heute zwei Regierungen: das religiöse Politbüro mit Ali Khamenei an der Spitze und die eigentliche, die offizielle Regierung mit Mohammad Khatami, einem moderneren Staatschef. Doch die wichtigen Entscheidungen werden von den Ayatollahs getroffen. Die »religiösen Sowjets« manipulieren aus dem Hintergrund die Armee, den Staatshaushalt und die Rechtsprechung. Nach außen hin, den diplomatischen Vertretungen gegenüber, gibt man vor, Staatspräsident Khatami regiere den Iran. Ihn bekommen die in Teheran akkreditierten Botschafter zu Gesicht. Aber die Geschäftsleute wenden sich gleich an Khamenei. Nicht etwa dass Khamenei mit Hilfe eines Strohmanns seine Aktivitäten oder den religiösen Charakter, den er dem Iran geben will, verschleiern wollte, aber er wurde durch den starken Druck des iranischen Volkes zu diesem, wenn auch schiefen Kompromiss gezwungen. In der arabisch-islamischen Welt und insbesondere im Nahen Osten sind heute, am Beginn des dritten Jahrtausends, oft zwei Faktoren entscheidend: die Frauen und die jungen Leute. Die Frauen erreichen durch ihren Willen, die Gleichberechtigung der Geschlechter durchzusetzen, gesellschaftliche Umwälzungen, und die Jugend verlangt eine Wiedergutmachung für die Ungerechtigkeiten und drängt nach einer Modernisierung.

Khatami wurde von der Jugend und den Frauen gewählt, aber er verfügt über keine tatsächliche Macht. Die wirtschaftliche Situation des Landes ist trotz des Manna in Form von Erdöl nicht gut. Man verzeichnet immer noch ein enormes Bevölkerungswachstum. Nur ein besserer Lebensstandard für die Familien kann zu sinkenden Geburtenzahlen führen. Das hat man in Europa beobachten können. Die »chinesische Lösung« lasse ich einmal beiseite, denn sie beruht auf einer autoritären Haltung, durch die unter Androhung schwerer Strafen eine sehr rigide Geburtenregelung erzwungen wurde. Aber im islamischen Milieu, zumal einem frommen, gehört es zur Tradition, eine große Zahl von Kindern zu haben. Es existiert keine Wechselbeziehung zwischen der Anzahl der Kinder und ihrer harmonischen Entwicklung innerhalb der Gesellschaft, ihrer Ausbildung und ihrem Eintritt ins Berufsleben. Deshalb wächst die Geburtenrate schneller als die Wirtschaft. So wachsen in zahlreichen Ländern Millionen zukünftiger Proletarier heran, auch im Iran.

Ich hoffe, dass der Iran eines Tages wieder ein Freund Israels sein wird. Das scheint heute utopisch, aber es ist möglich. Es besteht kein Anlass zu einer zwangsläufigen Feindschaft zwischen Israel und dem Iran. Erst seit Ayatollah Khomeini erstrebt das Land, über den Umweg einer massiven Einflussnahme der Religion auf den Alltag, eine weltweite Ausweitung des fundamentalistischen Islam. Das ist sehr gefährlich, denn es waren die Ayatollahs, die mehrere extremistische Terrorgruppen wie den Islamischen Djihad, die Hisbollah und vielleicht auch die Hamas finanziert, ausgebildet und befehligt haben.

Wenn wir im Iran unablässig Anzeichen einer Rebellion des Volkes gegen dieses schreckliche Regime wahrnehmen, so sind die Veränderungen im Irak Folge einer militärischen Intervention der Vereinigten Staaten. Es war ein Krieg fast ohne Gefechte, ein neues Konfliktmodell. Eine Konfrontation mit einem Regime, das über ein nicht zu duldendes Militärpotential verfügt. Der Nahe Osten hat ein bislang nicht vorstellbares Phänomen kennen gelernt: Eine Koalition von außen hat eingegriffen und die Diktatur in einem Land beendet.

Bagdad und Jerusalem

»An den Strömen von Babel, / da saßen wir und weinten, / wenn wir an Zion dachten ...«, heißt es in Psalm 137. Im Irak liegt ein Teil unserer Wurzeln. Dort, in Ur-Kasdim, ist unser Vorfahre Abraham geboren. Und in Babylon haben sich die nach der Zerstörung des Königreichs Juda und des Jerusalemer Tempels im Jahre 586 v. u. Z. durch Nebukadnezar Verschleppten zusammengefunden und wieder eine Gemeinschaft gebildet. Später haben die Juden in den irakischen Städten ein intensives religiöses und kulturelles Leben geführt. Die babylonischen Akademien von Sura, Nehardea und Pumbedita wurden zu großen jüdischen Ausbildungsstätten. Dort wurde der so genannte Babylonische Talmud[*] verfasst. Etwa 800 000 Juden lebten damals in Mesopotamien. Über Jahrhunderte blieb ihr Schicksal unbestimmt, wechselhaft. In neuerer Zeit, am Vorabend des Zweiten Weltkriegs, bildeten die Juden, wenn auch von der islamischen Mehrheit abgesondert, eine wohlhabende Gemeinde von 180 000 Seelen. Ein Viertel der Einwohner Bagdads sind

---

[*] Es existieren zwei Arten des Talmud: der Jerusalemer Talmud, auch Palästinischer Talmud genannt, der im 4. Jahrhundert auf Hebräisch und West-Aramäisch verfasst wurde, und der Babylonische Talmud, der auf Hebräisch und Ost-Aramäisch verfasst wurde und um das Jahr 500 entstand. In der jüdischen Welt hat sich der Babylonische Talmud durchgesetzt.

Juden. Die fahrud, das Pogrom vom Juni 1941, bei dem über hundert Juden ermordet wurden, kündigte das Ende dieser tausendjährigen Gemeinschaft an. Mit der Gründung Israels begann für die Juden zwischen Euphrat und Tigris eine Zeit der Unsicherheit und Angst. Fast alle irakischen Juden treffen im Verlauf der Operation »Esra und Nehemia« in den Jahren 1950/51 in Israel ein. 1969, als Saddam Hussein schon Vizepräsident des Revolutionären Kommandorats war, kommt es zu der schrecklichen Episode der »Gehenkten von Bagdad«, bei der neun Juden, die man einer »zionistischen Verschwörung« verdächtigte, öffentlich hingerichtet wurden. Heute existiert, abgesehen von ein paar Dutzend Menschen, das irakische Judentum praktisch nicht mehr.

Die Amerikaner im Irak

Mit dem Ende der amerikanischen Intervention im Irak und dem Verschwinden Saddam Husseins und seines Regimes von der Bildfläche wurde eine neue Seite im Buch der Geschichte des Nahen Ostens aufgeschlagen.

Man kann sich fragen, welche tiefergehenden Gründe, auch unabhängig von den tragischen Ereignissen des 11. September, die USA veranlasst haben mögen, diesen Feldzug gegen den Irak zu führen. Meiner Meinung nach haben sie folgende Überlegungen angestellt: Die internationale Situation kann sich gefährlich zuspitzen, wenn drei Bedrohungen zusammenkommen – die Bedrohung, die von autoritären Regimes auf der ganzen Welt ausgeht, umso mehr, als Diktaturen dem Terrorismus oft ihren Segen geben; die terroristische Bedrohung selbst und drittens die Produktion von Massenvernichtungswaffen und ihre potentielle Anwendung. Die Kombination dieser drei Bestandteile ergibt eine hoch explosive Mischung, die kaum zu bändigen ist.

Folglich hat Amerika beschlossen, gleichzeitig gegen zwei, ja sogar drei dieser Menschheitsgeißeln vorzugehen. In Afghanistan, bei einer Intervention, die alles in allem wenige menschliche Opfer forderte, hatten die USA vor allem den Terrorismus im Visier. Die fortschrittsfeindlichen Taliban wurden ausgeschaltet. Und das Al-Qaida-Netz wird weiterhin verfolgt. Vor der amerikanischen Intervention hielten die Militärstrategen vier Länder für fähig, gefährliche Waffen, vor allem Atomwaffen, zu entwickeln, die schweren Schaden anrichten könnten, wenn sie in die Hände von Terroristen gelangten: den Irak, Iran, Nordkorea und Libyen. Die Amerikaner standen mit ihrem Wunsch nach einer radikalen Lösung vor der Entscheidung: womit beginnen? Welches Land sollte als erstes zur Ordnung gerufen werden, bevor man sich mit dem zweiten, dritten und vierten beschäftigte? Ich muss allerdings sagen, dass die Wahl einer ersten Zielscheibe keineswegs bedeutet, dass man die Absicht hat, systematisch auf dieselbe Weise fortzufahren. Der erste Krieg kann schließlich als Exempel dienen und als ernsthafte Warnung gelten.

Der Irak wurde aus mehreren Gründen als erste Zielscheibe ausgewählt. Im Iran ist das Entstehen einer gesellschaftlichen Strömung mit moderner Ausrichtung festzustellen, die zahlreiche Reformen eingeleitet hat. Khatami ist ein Hoffnungsträger, wie es ihn bisher im Iran nicht gab. Bei Nordkorea hält man eine diplomatische Lösung für denkbar. Libyen schließlich hat sich erst kürzlich für ein Atomwaffenprogramm entschieden. Man kann noch auf einen Kurswechsel hoffen. Saddam Husseins Irak dagegen hatte einen Punkt erreicht, an dem es kein Zurück mehr gab. Angesichts der krassen Missachtung der UN-Resolutionen bot sich keine andere Alternative mehr als eine bewaffnete Intervention, seit 1998 die UNO-Inspektoren ausgewiesen worden waren. Vom strategischen Gesichtspunkt aus sollte die Lage dadurch erleichtert werden, dass die Türkei das Durchqueren ihres Hoheitsgebietes gestatten wollte. Wie man weiß, wurde den Amerikanern dies dann doch verweigert. Zweierlei hat den Amerikanern und Engländern ihre Aufgabe erleichtert: zum einen die Spaltung der arabischen Länder in der Region, zum anderen die innerirakischen Konflikte zwischen einer Zentralmacht in und um Bagdad mit wenig Einfluss auf den mehrheitlich von Kurden bewohnten Norden und einer gedämpften, aber hartnäckigen schiitischen Opposition im Süden. Niemand hat vergessen, dass die Iraker ihre Bereitschaft zum Einsatz chemischer Waffen bereits unter Beweis gestellt hatten, und zwar bedauerlicherweise gegen ihre eigene Bevölkerung, und dass Saddam Hussein der Archetyp des blutrünstigen Tyrannen ist.

Ein anderes Beispiel ist Algerien. Auch dort herrscht Terror. Wie im Sudan, wo die Amerikaner ihn ein wenig eingedämmt haben, was einstweilen noch die Einheit des Landes bewahrt. In Algerien dagegen, wo eine Schreckensherrschaft fortbesteht, war bisher keine Macht, keine Regierung, keine internationale Institution in der Lage, dem Terror Einhalt zu gebieten. Sogar die Arabische Liga erwies sich als machtlos. Hunderttausend unschuldige Zivilisten wurden massakriert. Man darf sich also mit Fug und Recht die Frage stellen: Kann man eine solche Situation, in der Grausamkeit und Fortschrittsfeindlichkeit miteinander wetteifern, endlos hinnehmen, oder muss man aktiv werden?

Die zerrissenen Europäer

Auf welche Weise wird nach dem amerikanischen Sieg ein politisches Gerüst entstehen, das als Modell dienen kann? Das vorauszusagen ist ein Wagnis, denn der Konflikt hat die westliche Welt gespalten, und ein Teil zweifelt die Rechtmäßigkeit des englisch-amerikanischen Eingreifens an. Die Europäer sind sich in dieser Sache uneins. Die Amerikaner wiederum haben sich mit mehreren europäischen Ländern – Frankreich, Deutschland, Belgien – zerstritten, während andere wie England, Spanien, Italien und Skandinavien sich ihnen angeschlossen haben. Ich bin sicher, dass die Amerikaner früher oder später eine Umbildung des Sicherheitsrates anstreben werden und zum Beispiel Indien aufnehmen wollen, um den Einfluss der derzeitigen ständigen Mitglieder einzuschränken. Nicht zu ermessen ist auch der Schaden, den diese Spaltungen innerhalb der Europäischen Union trotz der diversen Versöhnungsbemühungen anrichten werden.

Was den Sinn des amerikanischen Eingreifens angeht, so ist meine innerste Überzeugung, dass man die Dinge nicht so lassen konnte, dass man nicht zulassen konnte, wie der Terrorismus die Welt bedroht. Man musste handeln. Und das haben die Amerikaner getan. Es gab keinen Vorschlag für eine ernsthafte Alternative zum amerikanischen Vorgehen. Dabei hätte es doch ausgereicht, dieselbe Strategie wie im Kosovo anzuwenden, einschließlich eines Gerichtshofs, der über Saddam Hussein zu Gericht sitzen würde. Warum hat man ihm unter diesen Umständen so viel Rücksichtnahme erwiesen? Sollte Slobodan Milosevič gefährlicher sein als er?

Der Präzedenzfall Kosovo

Der Präzedenzfall Kosovo hat Verwirrung gestiftet. Die Europäer waren entschlossen, den jugoslawischen Diktator zu beseitigen, und man hielt es damals nicht für nötig, auf grünes Licht von der UNO zu warten, damit die Amerikaner eingreifen konnten. Der amerikanische Beitrag zur Lösung des Konflikts in Jugoslawien war entscheidend, der europäische Beitrag dagegen erwies sich als bescheiden. Der Krieg fand statt, mit intensiven Bombardements, ohne dass es notwendig gewesen wäre, den Sicherheitsrat einzuschalten. Nach Ende der Kampfhandlungen wurde ein internationaler Gerichtshof eingesetzt, um über Slobodan Milosevič wegen seiner Kriegsverbrechen zu richten. Ich verstehe wirklich nicht, warum das, was in Jugoslawien erlaubt war, im Irak nicht erlaubt sein sollte.

Dieser Krieg gegen den Irak lässt sich natürlich nicht mit einem Krieg gegen den Islam gleichsetzen. Innerhalb des Islam existiert ein Konflikt zwischen den Reformern und den rückschrittlichen Kräften. In allen Zivilisationen, die wir kennen, kam es im Laufe der Geschichte zu inneren Konflikten zwischen Weltlichkeit und Geistlichkeit. Diese Art von Kontroverse findet zunehmend innerhalb der islamischen Welt statt. Der größte Sieg, der auf den Krieg gegen den Irak folgen könnte, wäre es, wenn die arabisch-islamische Welt bei dieser Gelegenheit ihre eigene Revolution in Angriff nähme. Der Frieden hat keinen militärischen, sondern einen politisch-ökonomischen Charakter. Und dieser Krieg wird an dem Maßstab des Friedens gemessen werden, den er schaffen will. Man muss den Krieg nach dem Frieden beurteilen, nicht den Frieden nach dem Krieg. Und die Folgen dieses Kriegs könnten durchaus ein stabiler Friede, eine gestärkte Wirtschaftsordnung und ein weltweiter Modernisierungsschub sein. Der Terrorismus und der Krieg gegen den Terrorismus sind internationale Konflikte. Das vorige Jahrhundert hat mit der Globalisierung der Ökonomie geendet, und das neue Jahrhundert beginnt mit der Globalisierung der Strategie. Trotz der Gräben, die sich zwischen Europa und Amerika aufgetan haben, werden sich meines Erachtens neue Bündnisse bilden. Im Gegensatz zum Kommunismus bildet der Westen kein »Lager«. Er ist eine Zivilisation, eine Geisteshaltung. Weder Ordnung, noch Hierarchie, noch Disziplin, sondern ein Modus Vivendi, der sich auf die Zehn Gebote stützt.

Die amerikanische Intervention im Irak hat verdeutlicht, dass es keine einheitliche arabische Welt gibt. Allenfalls könnte man von arabischen Welten sprechen, von arabischen Positionen, gewissen Öffnungen, die teils zugegeben, teil verheimlicht werden. Zu den offen erklärten Positionen zählen Sympathiekundgebungen gegenüber den Amerikanern. Aber ihnen fehlte der revolutionäre Geist, den man sich vor dem Beginn der Offensive hätte vorstellen können. Viele Araber betrachteten Saddam Hussein tief in ihrem Herzen als Schande für die arabische Welt. Natürlich gab es Demonstrationen. Aber sind sie wirklich von Bedeutung, wenn man weder über die militärische Kapazität noch über den politischen Willen verfügt, selbst zu intervenieren? Als Israel gegründet wurde, zögerten die Armeen von sieben arabischen Länder nicht mit ihrem Angriff. Heute verhalten sich die Araber ruhig. Die Hisbollah hat sich so wenig gerührt wie Syrien. Einige arabische Länder haben verlangt, der irakische Diktator sollte freiwillig ins Ausland gehen. Die Arabische Liga ist nicht zu einem einmütigen Beschluss ihrer Mitglieder gelangt. Und als sie vorschlug, einen Emissär nach Bagdad zu senden, hat Saddam Hussein dies abgelehnt. Alle Kalkulationen, alle Analysen, die darauf zu deuten schienen, dass sich die revoltierende arabische Welt massiv auf die Seite von Saddam Husseins Irak schlagen würde, haben sich nicht bewahrheitet. Meines Erachtens hat die traditionelle arabische Welt bei dieser Sache viel verloren. Denn den Anschein von Stärke zu vermitteln ist leicht, doch auf den Ernstfall kommt es an. Man hört gelegentlich, es gebe keinen besseren Teilungsfaktor unter den Arabern als die vermeintliche arabische »Einheit«. Es ist eine aufgesetzte Einheit, die sich hinter gefälligen Reden verschanzt, denen nie Taten folgen. Eine Einheit, die sich schließlich, und vor allem nach der amerikanischen Intervention in den Irak, als Mythos entpuppt.

Lügen

Letzten Endes war Saddam Hussein isoliert. Angesichts der anglo-amerikanischen Streitkräfte waren seine Prahlereien über die vernichtenden Reaktionen seiner Armee und über den Einsatz furchterregender Waffen, die aus dem Irak das »Grab der Eindringlinge« machen würden, nichts als heiße Luft. Ein ungeheurer Schwindel. Seine 400 000 Mann umfassende Armee, von ihm als eine der besten der Welt präsentiert, lieferte überhaupt keinen Kampf, leistete keinen Widerstand. Dreiste Lügen wurden als solche entlarvt: Man wollte uns weismachen, dass Saddam Hussein von seinem Volk vergöttert werde – was nicht stimmte. Der irakische Informationsminister hat jedem Augenschein zum Trotz bis zum Schluss verlauten lassen, der Irak habe die Situation völlig im Griff. Der lächerliche Aspekt der Diktatur hat einen neuen Höhepunkt erreicht. Selbst Charlie Chaplin verblasst daneben.

Die irakische Geschlossenheit hat sich als Illusion erwiesen. Man glaubt sich fast nach Jugoslawien versetzt. Wie unter Tito hat der Diktator mit eiserner Faust die Zwangsgemeinschaft von Völkern mit ganz unterschiedlichen Interessen und Hoffnungen durchgesetzt. Man hat gesehen, wie mit Titos Verschwinden Jugoslawien in seine Einzelteile zerfiel. Wir stehen nun vor einem ähnlichen Phänomen. Die Amerikaner werden keine Aufteilung des Irak zulassen, bei der ein unabhängiger Kurdenstaat entstehen würde, denn dies würde die Stabilität der Region bedrohen und die Türkei ebenso betreffen wie den Irak. Ganz zu schweigen von den negativen Reaktionen, die eine separatistische Lösung in der arabischen Welt hervorrufen würde. Man wird sich, wie ich glaube, auf eine Koexistenz von Schiiten, Sunniten und Kurden zubewegen. Das ist der plausibelste Weg.

Zudem sieht man neuerdings im Irak, wie auch in der restlichen islamisch-arabischen Welt, eine junge Generation, die erkennt, dass die Modernisierung eine Notwendigkeit ist. Man kann sein Leben nicht endlos nach alten Traditionen ausrichten.

Ich halte den Krieg gegen den Irak nicht für einen Selbstzweck, er stellt den Beginn von etwas dar. Es bleiben noch zahlreiche solche Länder übrig: Diktaturen, die nicht-konventionelle Waffen produzieren wollen und terroristische Vereinigungen unterstützen. Dabei denke ich vorrangig an den Iran, Nordkorea und Libyen. Der Sieg über ein Land zieht noch nicht das Ende des Terrorismus nach sich. Daher muss man verstehen, dass der Krieg gegen den Terrorismus und gegen die gefährliche Kombination der drei Faktoren sich vielleicht noch fünf oder zehn Jahre lang fortsetzen wird. Ein endgültiges Urteil wäre voreilig. Man darf die Intervention im Irak nicht als separaten Krieg betrachten, sondern als ein Kapitel eines größeren und umfassenderen Krieges.

Gegen die »Schurkenstaaten«

Vergleichen wir nicht, wie manche es tun, Vietnam und den Irak. In Vietnam hatten die Amerikaner eine Wahl. Sie konnten hingehen oder nicht, und, einmal vor Ort, bleiben oder nicht. Im Irak hatten sie keine Wahl. Es hat sich herausgestellt, dass die Amerikaner mit ihrem Eingreifen in Vietnam nicht wirklich auf ein internationales Problem reagierten, wogegen der Terror, der Fortbestand von Diktaturen und die Zunahme nicht-konventioneller Waffen weltweite Probleme sind. Die Amerikaner gehen an die Probleme des Planeten ernsthaft und überlegt heran.

Dennoch bleibt die iranische Bedrohung. Nun stellt sich eine wichtige Frage. Wenn man einen Krieg gegen den Iran vermeiden will, muss die ganze Welt, einschließlich Europas, von der iranischen Führung verlangen, dass sie ihre Politik ändert, dass sie ihre Atomwaffenprogramme einstellt und Terrorvereinigungen nicht mehr unterstützt. Man kann sich drei Möglichkeiten vorstellen: eine internationale politische Entscheidung (die Gesamtheit der Nationen gebietet dem Iran Einhalt), ein Bündel ökonomischer Sanktionen und schließlich eine militärische Intervention.

Dieses Szenario muss natürlich auch auf andere Länder angewendet werden, die manche »Schurkenstaaten« nennen.

Der Krieg gegen den Irak war eine Warnung. Mit ihm wurden die Grenzen des Tolerierbaren gezogen. Die Welt ist nicht willens, ihre Sicherheit bedrohen zu lassen.

Die gewaltigen Demonstrationen, die der schiitische Klerus, ermutigt von der neuen Freiheit, organisiert hat, sind beunruhigend, und es steht zu befürchten, dass es zu einer Entwicklung wie im Iran kommt. Der Irak wird sich zwischen dem Iran und der Türkei entscheiden müssen, zwischen der völligen Durchdringung der Gesellschaft durch die Religion und der Trennung von Kirche und Staat. Die Amerikaner werden den Irak, ohne ihm ihre Vorstellungen aufzudrängen, zu einem Weg in die moderne Zeit ermutigen.

Ich glaube, dass der Terrorismus eine Revolte gegen die Moderne ist, die die Traditionen bedroht. Aber man muss auch deutlich sagen, dass man von Traditionen nicht leben kann. Das ist wirklich keine Alternative. Unter Tradition verstehe ich das Erbteil der Vergangenheit, insofern es veraltet und manchmal negativ ist – das Feudalsystem, die absolute Abhängigkeit von der Landwirtschaft, die Diskriminierung der Frau, korrupte Regierungen …

Israel hat gezeigt, dass im Grunde zwischen Moderne und Überlieferung kein Widerspruch besteht. Denn wenn man schon auf Tradition abhebt, so ist Israel das einzige Land, das die Sprache seiner Propheten spricht, das einzige, das seine ursprüngliche Religion bewahrt hat, obwohl es nur wenige gibt, die sie praktizieren, das einzige Land endlich, das seine Geschichte auch im Exil und ohne einen eigenen Staat ohne Unterbrechung fortgesetzt hat. Zusammenfassend kann man sagen, dass die Widersprüche zwischen Glauben und Moderne absurd sind. Man kann am selben Ort und zur selben Zeit für beide Wege eintreten. Anders ausgedrückt, man kann gleichzeitig ein guter Muslim und ein hervorragender Wissenschaftler sein. Oder als Araber an der modernen Weltwirtschaft teilhaben.

Es gibt keinen Widerspruch zwischen der Bewahrung des überkommenen Erbes und der Eingliederung in die Moderne. Das gilt für den Irak, für die Palästinenser und die gesamte arabisch-islamische Welt.

Zweierlei Maß

Der Irakkrieg hat hie und da Intellektuelle oder Politiker zu Stellungnahmen veranlasst, bei denen sie die Tatsache anprangern, dass der Irak in diesem Fall nicht auf dieselbe Art behandelt worden sei wie Israel, dass man also, kurz gesagt, mit »zweierlei Maß« gemessen habe. Sicher, so räumt man ein, der Irak hat die zahlreichen Resolutionen des UNO-Sicherheitsrats nicht respektiert, von der Resolution 661 am 6. August 1990 bis zur Resolution 1441 am 8. November 2002. Er hat sein Schicksal verdient. Aber Israel respektiert nie die Resolutionen, die das Land betreffen …

Ich weise solche Vorwürfe entschieden zurück. Die Verfechter dieser These scheinen nicht zu wissen, dass es in der UNO verschiedene Arten von Resolutionen gibt: diejenigen, die sich aus dem so genannten Kapitel sieben ergeben und die Anwendung von Gewalt vorsehen, und diejenigen, die sich aus Kapitel sechs ergeben und eine friedliche Konfliktregelung vorsehen. Die Israel betreffenden Resolutionen fallen in die letztgenannte Kategorie.

Ein doppeltes Spiel? Damit bin ich nicht einverstanden. Wenn Doppelzüngigkeit im Spiel ist, wenn nach unterschiedlichen Maßstäben gemessen wird, dann liegt das an den Vereinten Nationen und nicht an Israel. Das ist der Kern der Geschichte. Als die UNO die Gründung eines israelischen Staates parallel zu einem arabischen Staat beschlossen hat, wurden 55 Prozent der Fläche den Arabern angeboten und 45 Prozent Israel. Das war für die Juden und ihre lang gehegten Hoffnungen nicht vorteilhaft. Doch Ben-Gurion war zu einem »Ja« fähig. Die Antwort der anderen Seite war ein sofortiger Angriff auf das gerade erst entstandene Israel durch die Armeen von sieben arabischen Staaten. Israel stand allein und war dazu noch das einzige Opfer eines Waffenembargos. Hier haben wir nun ein gutes historisches Beispiel für »zweierlei Maß«. Wir wurden mit fünf Kriegen konfrontiert, bei denen wir, was Menschen und Waffen betraf, immer im Hintertreffen waren. Obwohl immer noch mit Embargos belegt, haben wir uns dennoch dem Kampf gestellt und gesiegt. Auch da »zweierlei Maß«. Als unmittelbar nach der schrecklichen Katastrophe der Shoah, bei der ein Drittel des jüdischen Volkes abgeschlachtet wurde, die den Todeslagern der Nazis entkommenen Flüchtlinge versuchten, unter manchmal entsetzlichen Umständen auf israelischen Boden zu gelangen, wurden sie abgewiesen und zurückgeschickt. Zweierlei Maß. Auch in der Folge, seit seiner Gründung, hatte Israel nie eine Chance, seine Positionen bei der UNO durchzusetzen, weil eine Mehrheit aus kommunistischen, blockfreien und arabisch-islamischen Staaten sie systematisch blockierten. Zweierlei Maß. Zunehmend zeichnet sich die UNO durch ihren Zynismus aus. Die Präsidentin der UNO-Menschenrechtskommission ist Libyerin. Das ist unglaublich, wenn man die teuflische Vergangenheit dieses Landes in Menschenrechtsfragen kennt! Syrien, Waffenlieferant für Saddam Husseins Regime, ist Mitglied im Sicherheitsrat. Eine reine Farce. Also rede man mir bitte nicht von »zweierlei Maß« zugunsten Israels. Das Gegenteil trifft zu. In Europa sind Amerikaner stationiert, um den Kontinent gegebenenfalls verteidigen zu können. Bei uns steht kein einziger Amerikaner bereit. Wir sind eine Demokratie und müssen uns allein in einer Umgebung behaupten, die uns a priori feindlich gesinnt ist. Israel hat bewiesen, dass es Isolation ertragen, um sein Überleben kämpfen, das Land aufbauen und ein freies Volk bleiben kann, das in einer Demokratie lebt. Die Diktatur ist keine existentielle Notwendigkeit, sie würde den Menschen, die sie ertragen müssen, vorwiegend Nachteile bringen. Eine Diktatur gefährdet mehr, als dass sie schützen würde.

Diktatur und Krieg

Die Ereignisse im Irak haben mich zum Nachdenken über den Sinn der »Anti-Kriegs-Demonstrationen« veranlasst, die bei dieser Gelegenheit auf der ganzen Welt stattfanden. Viele Menschen haben gegen den Krieg demonstriert. Gegen alle Kriege. Das ist eine legitime Haltung, wenn man an die Menschenleben denkt, die die zahlreichen Konflikte gekostet haben, durch die unser Planet mit Blut besudelt wurde. Doch die Demonstranten müssten sich auch die folgende Frage stellen: Haben wir nicht die Pflicht, gegen Diktaturen vorzugehen? Eine Diktatur ist nicht nur eine mächtige Regierungsform, sie ist zudem ein System, das auf massiven Lügen und auf Mord basiert – sogar Mord an der Bevölkerung, für die sie doch die Verantwortung trägt. Wer hat mehr Russen getötet als Stalin? Wer hat mehr Deutsche getötet als Hitler? Wer hat mehr Kambodschaner getötet als Pol Pot? Stalin, Hitler und Pol Pot gibt es nicht mehr. Saddam Hussein bleibt der größte Mörder, der nach ihnen kam. Er hat den Krieg gegen Iran angezettelt, der mit einer Million Toten endete, und den Krieg gegen Kuwait mit seinen 300 000 Opfern. Mit Giftgas hat er 100 000 irakische Kurden umgebracht. Männer, Frauen, Alte und Kinder. Vergessen wir auch nicht die Zehntausende seiner schiitischen Landsleute.

Warum gibt es Demonstrationen gegen den Krieg und keine gegen die Diktatur, die der eigentliche Ursprung von Konflikten und Morden ist? Wo doch die Kriege wahrscheinlich hätten verhindert werden können, wenn sich Widerstand gegen die Diktaturen – und insbesondere gegen das irakische Regime – erhoben hätte. Man sollte lieber gegen die Diktatur demonstrieren.

In den Ländern, die einer Diktatur unterworfen sind, leben die Bürger unter dem Joch des Tyrannen in lähmender Angst. Man belügt sie ständig, aber sie fürchten sich, ihre Meinung zu sagen und ihre Wahrheit zu äußern. Und letzten Endes finden sie sich damit ab, getäuscht zu werden.

Die Wirtschaftssysteme solcher Länder sind rückständig und ihre Bevölkerungen arm. Ihre diktatorischen Regimes haben den Persönlichkeitskult zu wahrer Meisterschaft gebracht. Was wir im Irak gesehen haben, steht dem Irrsinn des stalinistischen Größenwahns in nichts nach. Die Diktatoren hören nicht auf, ihre Armeen aufzurüsten, und man registriert eine beängstigende Modernisierung der Massenvernichtungswaffen. In einer Diktatur ist die Modernisierung von Waffen wichtiger als die des Wirtschaftssystems. Letzteres ist deshalb hermetisch abgeriegelt. Die Bürger realisieren überhaupt nicht, dass sich die Welt verändert hat und ein Staat sich heutzutage ohne ein offenes Wirtschaftssystem in der Armut isoliert.

Eine Diktatur misstraut allem. Dem eigenen Volk und anderen Völkern. Gegen die eigene Bevölkerung stellt sie Geheimpolizeien auf (Saddam Hussein hatte sieben!), und gegen fremde Völker greift sie zu Terror, einem System von »hit and run«.

Es bestehen also heimliche Zusammenhänge zwischen der Diktatur, den Massenvernichtungswaffen und dem Terrorismus. Alle drei führen zu Unterdrückung, Armut und Diskriminierung. Alle drei bilden eine Bedrohung für den Weltfrieden und die Bewohner der Erde.

Aus diesem Grund müssen alle, die sich den Weltfrieden wünschen, gegen die heutigen Diktaturen kämpfen, bevor es diesen gelingt, nicht-konventionelle Waffen anzusammeln, die dann in den Händen terroristischer Organisationen landen.

Der Terrorismus hüllt sich gern in religiöse Gewänder. Aber man darf Religion und Terrorismus nicht gleichsetzen. Der Gott der Menschen ist ein Gott des Friedens. Der Himmel ruft zum Einvernehmen unter den Menschen auf, auch wenn die Erde in Staaten mit oft auseinander strebenden Interessen aufgeteilt ist. Gott, der der Eine Gott ist, ist kein Gott für ein einzelnes Individuum. Er ist der Gott für alle. Keine Religion predigt die Knechtschaft eines Volkes oder die Diktatur eines Menschen. Der Gläubige muss also darauf achten, dass sein Glaube nicht von skrupellosen Tyrannen konfisziert wird, die ihn für ihre eigenen mörderischen Absichten missbrauchen.

In ihrer großen Mehrheit verteidigen die Gläubigen – Katholiken, Protestanten, Juden, Muslime, Buddhisten – die Demokratie und sind davon überzeugt, dass zwischen Religion und Wissenschaft kein Widerspruch herrscht. Sie wissen auch sehr wohl zu unterscheiden zwischen der Religion und den Morden, die in ihrem Namen begangen werden.

Schließlich bietet die Diktatur den unterdrückten Völkern keinerlei positive Perspektive. Der Ort des Glaubens ist in den Gebetsbüchern, nicht in den Schwertern. Die Diktatur verhindert keine Kriege, sie ist häufig sogar deren Ursache. Es gibt keine Alternative. Nur eine radikale Behandlung kann die Ausbreitung von Unkraut verhindern.

Die Diktatur muss bekämpft und besiegt werden.

Der Krieg gegen den Krieg und der Krieg gegen die Tyrannei haben ein und dieselbe Wurzel: die Menschlichkeit als höchsten Wert.

Erinnerung an Deutschland*

Meine Erinnerung an Deutschland, an das Deutschland nach 1945, ist die Erinnerung an seine führenden Politiker. Über sie möchte ich berichten.

Mit David Ben-Gurion und Konrad Adenauer begegneten sich am 6. Dezember 1951 – ihr erstes Treffen fand unter strengster Geheimhaltung im Londoner Hotel »Claridge's« statt, das Ben-Gurion durch den Lieferanteneingang betrat – zwei kluge Staatsmänner. Beide verfügten nicht über die geläufige Klugheit, sondern eine, aus der Großes erwächst und weit tragende Entscheidungen getroffen werden. Eine Klugheit, durch die historische Empfindungen und moralische Erwägungen neue Beziehungen zwischen Völkern und Menschen schaffen. Adenauer suchte nicht Trost. Er spürte tief im Herzen die Last der Shoah, er nahm sie als etwas wahr, für das es keine Sühne gibt. Er suchte im Lexikon unserer Welt nach Taten, nicht nach Worten, er wollte die Vergangenheit nicht ausradieren, sondern Seiten einer neuen Zukunft aufschlagen.

Ben-Gurion erzählte mir einmal, dass ihn der legendäre Rabbi Maimon gefragt habe: »Was ist das Einzige, zu dem auch der Geheiligte nicht imstande ist?«

Ben-Gurion war sehr überrascht, eine solche Frage aus dem Munde eines tiefreligiösen Menschen zu hören. Da beantwor-

* Aus dem Hebräischen von Ulrike Harnisch und Thoralf Seiffert

tete der Rabbi Maimon seine Frage selbst: »Auch der Geheiligte kann die Vergangenheit nicht rückgängig machen.« Also richtete Ben-Gurion seine Augen in die Zukunft. Auf das andere Deutschland. Auf das Israel, das sich erneuerte. Und da er ein ungewöhnlich mutiger Staatsmann war, schreckte er auch nicht vor dem Risiko erheblichen Widerstands zurück, der sich in Israel gegen diese Politik zu formieren drohte.

Die Begegnung beider Staatsmänner wurde eine Begegnung beider Völker. In ihr lag eine schwerwiegende Vergangenheit, und in ihr lag zugleich auch eine große Herausforderung. Zwei bedeutende Menschen, die nicht vor der Schwere der Entscheidung zurückschreckten. Diese Begegnung war der Auftakt für eine neue Politik, Staaten zu führen. Eine Politik, die man sich bisher nicht vorzustellen gewagt hatte.

1958 wurde ich von Ben-Gurion, ausgestattet mit einem detaillierten Schreiben, zu Adenauer nach Deutschland entsandt. Man hatte mich auserkoren, weil Franz Josef Strauß mit mir in Geheimverhandlungen eine Aufrüstung der israelischen Streitkräfte vereinbart hatte, dieser deutsche Beitrag sich aber ohne Adenauers Genehmigung kaum umsetzen ließ.

Der Bundeskanzler empfing mich – zu meinem großen Erstaunen – an einem Sonntag. Das Palais Schaumburg war wie leer gefegt. Als ich meine Verwunderung zum Ausdruck brachte, meinte Adenauer nur: »Einer muss in Deutschland ja arbeiten.« Kurz darauf verblüffte er mich erneut: Der Kanzler öffnete das Schreiben und las es ohne Brille. Ich fragte ihn ganz freimütig, ob er in seinem Alter denn wirklich keine Brille benötige.

Daraufhin bemerkte er, dass er die Brille einfach nicht brauche, »das größte Problem im Leben« – so fügte er hinzu – seien die ersten achtzig Jahre.

Konrad Adenauer war zu jener Zeit 82 Jahre alt. »Was für ein junger Mann – für dieses Alter«, soll ein anderer ausländischer Staatsgast einmal spontan ausgerufen haben.

Ich war nicht allein wegen der militärischen Mission nach Bonn gekommen, sondern auch wegen China. Ben-Gurion prophezeite nämlich, dass das Land in einigen Jahrzehnten enorm an Bedeutung gewinnen und eine Schlüsselrolle einnehmen, wenn nicht sogar zur Großmacht aufsteigen würde. Er meinte, dass China unter Mao Tse-tung sich auf Reformkurs befinde und keine Okkupationspolitik anstrebe. Darum täte der Westen gut daran, bereits »jetzt« – 1958 – Beziehungen zu China aufzubauen.

Ben-Gurion prophezeite außerdem, dass das geistferne kommunistische Regime eine Schicht humanistischer Intellektueller hervorbringen würde. Diese Menschen würden dem verfehlten Regime der Russen ein Ende setzen.

Adenauer stimmte dieser Einschätzung zu und genehmigte außerdem die deutschen Waffenlieferungen an Israel. Ich sah vor mir einen Menschen, der nach dem Kern der Sache suchte und ihn fand. Es verwunderte mich daher nicht weiter, dass Ben-Gurion und Adenauer ein besonderes Verhältnis entwickelten, gehörten sie doch dem exklusiven Club großer Persönlichkeiten an, Persönlichkeiten, die die Geschichte an den Hörnern packten.

Ein Jahr zuvor hatte ich Franz Josef Strauß getroffen. Ich reiste in Begleitung von Chaim Laskow, unserem damaligen Vize-Generalstabschef und späteren Generalstabschef, und Asher Ben Natan, unserem zukünftigen Botschafter in Bonn. In dieser Nacht war es sehr neblig, und unser Wagen blieb mitten auf offener Strecke liegen, fast hätten wir Chaim Laskow verloren, der unter dem Auto nachschaute, ob alles in Ordnung sei.

Gegen Morgen trafen wir in Rott am Inn ein. Dort befand sich das Haus von Strauß oder richtiger das Haus seiner Gattin Marianne Zwicknagl, das direkt neben der Familienbrauerei gelegen war.

Vor uns stand ein stämmiger Mann, mit blauen, strahlenden

Augen. Das Gespräch verlief angeregt, war doch der hauptsächliche Redner Strauß selbst. Der Inhalt seiner Äußerungen war weltumspannend und außergewöhnlich brillant. Er sprach alles an – Ideologie, Politik, Zeitgeschichte. Er bot eine ungewöhnliche Mischung aus dezidierten Haltungen, die manchmal jedoch mit seinen politischen Grundüberzeugungen kollidierten.

Strauß war aufgeschlossen gegenüber den Ansichten seiner Gesprächspartner, schien einen Moment verhärtet wie Stahl, war im nächsten Augenblick wieder offen wie ein Kind. Seine scharfsinnige Haltung schien ununterbrochen zwischen diesen beiden Polen hin und her zu irren. Er war abwechselnd offen und verschlossen.

Wir tranken auch Wein aus verschiedenen Anbaugebieten Europas, und wir kosteten vom Hausbier. Während des Trinkens verflog die steife, förmliche Atmosphäre, in der solche Treffen meist abgehalten werden. Schon einige Stunden später fühlten wir uns wie Freunde, waren offenherzig. Strauß sagte, dass seiner Karriere drei unüberwindbare Hindernisse im Weg ständen, da er gleichzeitig »Verteidigungsminister, Sohn eines Metzgers und Bayer« sei. Drei Makel, die ihm die Deutschen nie verzeihen würden.

Aufgewühlt sprach er darüber, was die Nationalsozialisten den Juden angetan haben und dass er das, was man in Deutschland »Wiedergutmachungszahlungen« nannte und wir in Israel »pitzu'im«, Entschädigungen, als seine persönliche Pflicht begreife. Er hielt sein Versprechen: Israel wurde später ohne jede Gegenleistung mit Verteidigungswaffen ausgerüstet, mit besonders leistungsstarken Transportflugzeugen vom Typ Nord und mit Flugabwehrgeschützen, die eigentlich in Schweden hergestellt wurden.

Zwischen uns entstand ein sehr enges, persönliches Verhältnis. In Israel führte das zu heftiger Kritik, auch nur der Ansatz von Beziehungen zu Deutschland führte zu erbitterten öffentlichen Spannungen. Als Franz Josef Strauß zu einem Besuch nach Israel kam, geschahen zwei Dinge: Der deutsche Minister hielt einen Vortrag, der den Generalstab und die führenden Vertreter des Verteidigungsministeriums mit brillanten analytischen Kenntnissen verblüffte. Das Abendessen hingegen, das ich in meinem Haus gab, beschwor eine Demonstration israelischer Bürger herauf, auf den Transparenten stand: »Peres und Strauß – raus«.

Zu meiner Überraschung erhielt ich davon Kenntnis, dass Strauß besonders enge Beziehungen zu Mao Tse-tung pflegte, ja dass er ihn schätzte und bewunderte. Bei dieser Gelegenheit erzählte er mir auch, dass er bald China besuchen wolle. Natürlich bat ich ihn darum, mit Mao Tse-tung über eine Kontaktaufnahme zwischen Israel und China zu sprechen, denn zwischen unseren beiden Staaten gab es keinerlei strittige Punkte. Später hatte ich diese Geschichte schon fast vergessen, es war davon auszugehen, dass Strauß bei seinem China-Besuch einen übervollen Terminkalender hätte und so meine Anfrage ohnehin bald vergessen haben würde.

Als ich Ben-Gurion bei einem Besuch im Technion von Haifa – damals die dritte israelische Universität – begleitete, ertönte plötzlich eine Lautsprecherdurchsage: »Herr Peres, ein Gespräch aus Peking.«

Wir wussten nicht, dass wir überhaupt eine Telefonverbindung nach China hatten. Ich stürzte ans Telefon, und zu meiner Überraschung war Strauß am Apparat: »Shimon, ich habe mit Mao Tse-tung die Beziehungen zwischen China und Israel erörtert, ihm die Tragweite der Sache erläutert und den Nutzen, der China daraus erwachsen kann.«

»Wie hat er reagiert?«, fragte ich mit verständlicher Ungeduld, in der Hoffnung auf eine gute Nachricht. Doch die Enttäuschung ließ nicht auf sich warten: »Mao Tse-tung hat mich angehört, nach einer kurzen Pause sagte er: ›Wie können wir einen Staat anerkennen, der Soldaten aus Russland und Waffen aus Amerika erhält?‹«

Strauß und ich blieben Freunde bis zum letzten Tag. Er hat mir nie eine Bitte abgeschlagen.

Was die Begegnung von Adenauer und Ben-Gurion für das jüdische Volk bewirkte, bewirkte auf andere Weise der Kniefall von Willy Brandt vor dem Warschauer Mahnmal der Ghettokämpfer im Dezember 1970. Willy Brandt wusste stets, durch eine Geste zu bestechen, die von Herzen kam, wo andere es mit kalkulierten »Kopfgeburten« versuchten. Willy Brandt konnte wie kein anderer Frauen wie Männer bezaubern und in seinen Bann ziehen. Bei ihm war es schlicht und einfach eine Gabe der Natur, der nichts entgegenzusetzen war.

Seine imposante Erscheinung, seine aufrechte Haltung, sein strahlendes Gesicht, seine natürliche Freundlichkeit, seine Bereitschaft zum Zuhören, die Zigarette im Mund, das genüssliche Gläschen, das Blitzen in seinen Augen, der Witz, der ihm auf den Lippen lag, und die unmittelbare Freundschaft, all das war bei ihm in Hülle und Fülle vorzufinden.

Eine seiner Bemerkungen bei unserem ersten Treffen ist mir im Gedächtnis geblieben: »Auch als Sozialist darf man sich einfach freuen.« Der Sozialismus war in seinen Augen keine eindimensionale Anstrengung, kein Sammelbecken des Weltschmerzes. Brandt wollte die Dinge verändern, anstatt in Melancholie zu verfallen.

Unsere Freundschaft vertiefte sich insbesondere in der Zeit, in der er Vorsitzender der Sozialistischen Internationale war. Beinahe zwanzig aufeinander folgende Jahre, von 1967 an, waren die Palästinenser *das* Thema der Internationale. Kein Wunder also, dass ich eine zentrale Rolle in den Diskussionen einnahm. Es war nicht immer leicht mit mir. Die Internationale wollte die PLO als Mitglied aufnehmen. Und ich war derjenige, der diesen Schritt verhinderte, ich drohte mit dem Austritt Israels, sollte die PLO, eine terroristische Organisation, als Mitglied aufgenommen werden. Trotz des immensen Drucks stand mir Willy Brandt zur Seite. Er wollte keinesfalls zulassen, dass Israel aus dieser Organisation ausscheide. Meine Argumente, dass die PLO weder sozialistisch noch demokratisch gesinnt ist und auch nicht den Frieden auf ihre Fahnen geschrieben hat, bewirkten das Ihre. Dennoch gestaltete sich die Situation schwierig. An der Spitze der Internationale standen drei »Skandinavier«, Willy Brandt, Bruno Kreisky – beide hatten das Exil in Norwegen und in Schweden erlebt und waren in ihren politischen Ansichten von der Erfahrung der nordeuropäischen Demokratien geprägt – und Olof Palme. Untereinander sprachen die drei Norwegisch. Willy Brandt war der Charismatischste des Trios. Kreisky war der Ideologe unter ihnen. Und Palme der jüngste und ihr Ökonom. Kreisky und Palme verfochten die Position, die auch die PLO und Jassir Arafat vertraten. Und ich führte mit ihnen erregte Debatten. Willy Brandt sagte mir einmal, dass Kreisky eine Eigenschaft besitze, die häufig den Juden eigen sei, »ein nicht zu leugnender Hang zur Selbstzerstörung«.

Im Gegensatz zu Palme, der in seiner Kühle eindrucksvolle schwedische Kälte demonstrierte, verkörperte Willy Brandt Frühlingswetter. Beständig und rundum. Und Kreisky war ein kluger Mann. Als ich ihn fragte: »Warum stellen Sie sich immer gegen mich?«, erwiderte er, »anders kann ich Ihnen nicht helfen«.

In einem Jahr – es war 1983 – fand die Konferenz der Sozialistischen Internationale im portugiesischen Albufeira statt. Willy Brandt rief mich an und sagte mir, dass er seiner Meinung nach auch Issam Sartawi, den PLO-Vertreter in Paris, einladen müsse. Er bat mich darum, dem nicht im Wege zu stehen. Sartawi, sagte er, sei Arzt, Pianist und politisch gemäßigt. Er lehne den Terror ab und habe ein aufrichtiges Interesse an wahrem Frieden. Ich sagte Willy Brandt, dass er einen Fehler begehe, nicht mir gegenüber, sondern gegenüber Sartawi. Issam Sartawis Teilnahme an einer Konferenz mit einem israelischen Vertreter bringe sein Leben in Gefahr, die Extremisten würden ihn nicht mehr aus den Augen lassen.

Am ersten Morgen der Konferenz hörten wir aus der Hotellobby einige Schüsse, nur wenige Meter von dem Ort, an dem wir uns versammelt hatten. Ich wurde sofort von Polizisten umringt, die davon ausgingen, dass die Schüsse mir galten. Doch sie waren für Sartawi bestimmt, und er starb auf der Stelle am 10. April 1983. Es tat mir sehr Leid. Wie Willy Brandt war auch ich der Meinung, dass sich Sartawi von den übrigen PLO-Mitgliedern unterschied; er wollte tatsächlich Frieden.

Nach der Ermordung kam Willy Brandt zu mir und bat mich, für Sartawi eine Trauerrede zu halten. Ich fragte ihn, wer der andere Redner sei. Er antwortete mir, Walid D. Dschumblat, ein Druse aus dem Libanon. Ich gab mein Einständnis, hatten doch Dschumblat und ich ein besonderes Verhältnis. Doch zuvor baten mich Willy Brandt und François Mitterrand, nach Dschumblat zu sehen. Israel führte zu jener Zeit den Libanonkrieg.

Es gab Gerüchte, er werde von israelischer Seite gefangen gehalten und befände sich in Lebensgefahr. Ich ersuchte den israelischen Generalstabschef, mir einen Helikopter zur Verfügung zu stellen, damit ich nach Muchtara fliegen könne, das in den östlichen Bergen des Libanon liegt. Muchtara hieß gleichzeitig auch der Palast von Dschumblat, der den Charakter einer Festung hatte. Obwohl ich zu jener Zeit Chef der Opposition war, genehmigte der Generalstabschef, der Regierung unter Begin zur Loyalität verpflichtet, den Flug, und ich gelangte mitten im Krieg im Militärhelikopter zu Dschumblats Festung. Er empfing mich völlig aufgewühlt. Nachdem er mir seine Situation dargelegt hatte, versicherte ich ihm, dass er freies Geleit nach Portugal habe, eine Waffe zur Selbstverteidigung könne er ebenfalls bei sich tragen. Ich war davon ausgegangen, dass es ihm genau darum ging, und hatte die Angelegenheit bereits vor meiner Reise mit dem Generalstabschef abgesprochen.

Ich kam also Willys Brandts Bitte nach und hielt eine Rede zum Andenken an Sartawi. Zu unser aller Überraschung bewegte sie die Gemüter, insbesondere wohl, da sie aus unerwartetem Munde kam. Als Dschumblat das Wort ergriff, zögerte er nicht, darauf hinzuweisen, dass Israel Verantwortung für diesen Mord tragen würde. Willy Brandt war entsetzt. Er kam zu mir, um sich zu entschuldigen, und ich dachte darüber nach, wie weit doch gute Absichten und verdorbene Seelen voneinander entfernt sind.

Bei aller Anmut und Wärme, die von Willy Brandt ausgingen, geriet sein strukturiertes und analytisch tiefes Denken, das ihn auszeichnete, nie ins Hintertreffen. Hatte Adenauer Deutschland an den Westen angenähert, gewann Willy Brandt das östliche Europa, ohne den Zorn des Westens zu erregen. Die Ostpolitik zeigte sich als eine kalkulierte, hoffnungsvolle Politik, die – wir alle wissen es – reife Früchte trug.

Willy Brandt war einer der ersten, der am tiefen Abgrund zwischen dem reichen, überwiegend weißen Norden und dem armen, überwiegend farbigen Süden stand. Er engagierte sich, Brücken über diesem Abgrund zu schlagen. Er genoss außerdem das Vertrauen beider Seiten. Der Bericht des Club of Rome, den er zu den Problemen der Dritten Welt verfasste, trägt bis heute den Stempel der Wahrheit.

Willy Brandt unternahm zusammen mit Kreisky immense Anstrengungen, um zwischen Ägypten und Israel Friedensverhandlungen einzuleiten. Auch diese Anstrengungen trugen Früchte. Nie werde ich das Treffen vergessen, dass Kreisky zwischen Anwar El Sadat und mir im Schloss Schönbrunn in Wien Ende der siebziger Jahre arrangiert hatte.

Das Treffen zog sich über vier Stunden hin, die beiden Redner waren Sadat und ich, im Publikum saßen Kreisky und Brandt, gespannt auf das Ergebnis. Diese Begegnung führte zur Beilegung einer Krise, zu der es bei den Friedensverhandlungen zwischen Ägypten und Israel gekommen war. In meine Reise eingeweiht waren Menachem Begin und Moshe Dayan, der damals Außenminister war. Sadat sagte damals zu mir: »Kommen Sie, lassen Sie uns als Freunde reden. Privat, nicht förmlich.«

Ich antwortete ihm, dass er berücksichtigen solle, dass ich jedes seiner Worte Begin oder Dayan berichten müsse. Erstaunlicherweise war es gerade dieser Hinweis, der mir Sadats großes Vertrauen einbrachte. Als das Abkommen von Camp David schließlich am 17. September 1978 unterzeichnet wurde und die Arbeitspartei es unterstützte, war es für Willy Brandt ein großer Tag.

Ich habe sehr viel über die Generation der deutschen Staatsmänner nach Hitler nachgedacht. Sie konnten sich nicht wie andere Staatsmänner verhalten und verhielten sich auch nicht so. Sie trugen eine schwere Verantwortung auf ihren Schultern, vor allem eine moralische Verantwortung, und den Versuch, die Geschichte ihres Volkes vor dem Schandfleck eines fürchterlichen Verbrechens zu retten.

Sie bekundeten ein besonderes Verhältnis zu dem jüdischen Staat, zwischen uns entwickelten sich Beziehungen, die nicht auf einen Präzedenzfall oder ein Vorbild zurückgreifen konnten. Auch uns fiel es nicht leicht.

»Sich erinnern und verändern« ist eine Redensart, die sich leichter dahersagt, als in die Tat umsetzen lässt. Wir repräsentierten ein Volk, dessen Großteil Nummern von Konzentrationslagern an den Armen und alptraumhafte Erinnerungen im Herzen trug.

Ich weiß nicht, ob die Zeit diese Dinge zu ändern vermag. Wir jedenfalls sind dazu verpflichtet, die unvergessliche Vergangenheit und die unvermeidliche Zukunft zu tragen.

Woran ich glaube

Kriege bilden den Hintergrund der Menschheitsgeschichte. Schlägt man ein Geschichtsbuch an einer beliebigen Stelle auf, so trifft man fast immer auf eine Stelle, die mit einer kriegerischen Auseinandersetzung zusammenhängt. Man fragt sich: Wer hat angegriffen? Wer hat gewonnen? Wer hat verloren? Wer war ein großer General? Wer ein großer Stratege? Welcher Krieg hat einen großen Staatsmann hervorgebracht? Am Ende stellt man fest, dass die Geschichte über Jahrhunderte mit roter Tinte geschrieben wurde, mit dem Blut der Völker. Als sei das menschliche Abenteuer nie etwas anderes gewesen als eine unablässige Wiederholung des tragischen Gegensatzes zwischen Kain und Abel. Sind wir an einem Wendepunkt angelangt, an dem der Mensch, von Bruderkriegen erschöpft, den Krieg als Mittel zur Lösung seiner Konflikte zuletzt ablehnen wird? Ich hoffe es, aber ich weiß es nicht. Eines ist jedenfalls sicher: Der Charakter des Krieges hat sich definitiv geändert. Der Hauptgrund dafür, dass sich die Menschen jahrhundertelang gegenseitig zerfleischten, war der Besitz von Ländereien mit ihren reichen Rohstoffen. Der Boden als wesentliche und unveränderliche Konfliktquelle, so sah bisher die Realität aus. Seinen Grund und Boden verteidigen, sein Territorium erweitern, seinen Besitz zurückgewinnen, ferne Räume erobern.

Wir treten nun in eine Ära ein, in der die Wissenschaft den Boden als wichtigsten Träger unseres Geschicks ersetzen wird. Folglich schwindet das Hauptmotiv für Konflikte, nämlich Land und Grenzen. Man ist auf dem Weg in eine andere Schlacht, der zwischen der alten Ausprägung der Welt und ihrem neuen Aspekt, zwischen zwei Generationen, zwischen zwei entgegengesetzten Epochen. Eine Schlacht ohne Armeen, ohne Soldaten, ohne Uniformen, ohne Kriegsflagge und Fahnen, ohne Frontenbildung und ohne Schützengräben. Und heutzutage sogar Kriege ohne Schlachten.

Von der neuen Situation zeugt der globale Konflikt, in den wir heute mit dem Aufkommen des Terrorismus gestürzt werden. Der Terrorismus kennt weder Kriegsschauplätze noch Fronten oder Truppen. Er ignoriert den Begriff der Souveränität. Und dennoch stellt er eine Gefahr dar, eine große Bedrohung. Denn er nutzt die moderne Technologie, um genau diesen wissenschaftlichen Fortschritt zu bekämpfen. Heute stehen sich nicht mehr zwei Militärtechnologien gegenüber, Waffen gegen Waffen, Strategie gegen Strategie, Soldaten gegen Soldaten, rote Uniformen gegen blaue Uniformen. Der Kampfbegriff als solcher wird aufgeweicht. Es handelt sich um eine gigantische Konfrontation, die womöglich lange anhalten wird.

Früher oder später jedoch muss es einen Sieger geben. Die Gesellschaft kann mit der latenten Bedrohung durch den Terrorismus auf Dauer nicht existieren. Die Koexistenz einer offenen Gesellschaft mit dem Terrorismus, der per definitionem maskiert und heimlich agiert, ist unmöglich.

Öffnen wir die Augen. Was sehen wir? Die Handlanger des Terrorismus vermengen religiöse Rechtfertigungen mit den ökonomischen Ungerechtigkeiten, deren Opfer sie zu sein wähnen. Im anderen Lager macht der Fortschritt immer spektakulärere Sprünge, aber er vernachlässigt große Gebiete auf dem Globus, verödete Regionen, vergessen und verlassen in ihrer Rückständigkeit und ihrer Armut. Bei näherer Betrachtung sage ich mir, dass der Krieg von keinem der beiden Lager gewonnen werden wird. Innerhalb der Lager jedoch wird es einen Sieger geben. Dabei denke ich an die islamische Welt, von der man seit einigen Jahren so viel spricht. Ich möchte es hier wiederholen: Entgegen einer neuerdings gängigen Meinung glaube ich nicht, dass man es mit einem Konflikt zwischen der islamischen Welt und dem Rest der Welt zu tun haben wird. Ebenso wenig wird die nichtislamische Welt einen historischen und entscheidenden Sieg über den Islam davontragen, was einige sich vorstellen und wünschen.

Die Zukunft des Islam

Ich bin, im Gegenteil, zutiefst davon überzeugt, dass sich innerhalb der islamischen Welt allmählich Kräfte des Wandels und der Öffnung durchsetzen werden, die dem Islam zu einer Neuorientierung verhelfen werden.

Nicht weil der Islam als Religion, als philosophisches System oder Lebensweise weniger wichtig oder weniger ehrenhaft sei als das Christentum oder das Judentum. Aber es ist eine Art Revolution notwendig, damit sich die islamische Welt an die Moderne und die Toleranz anpassen kann. Die Macht der Realitäten unserer Zeit wird sie Trägheit und Konservativismus überwinden lassen. Das kann vielleicht noch einige Zeit dauern. Aber es wird geschehen.

Israel ist mit zwei wesentlichen Problemen konfrontiert. Das erste ist natürlich der aktuelle, unmittelbare Konflikt mit den Palästinensern. Das zweite sind die Attacken, denen das Land von überallher ausgesetzt ist. Bisher waren sich die meisten Beobachter und Kommentatoren, die sich um die Nahostfrage bemüht haben, darin einig, dass die Beendigung der Streitigkeiten zwischen Israelis und Palästinensern den Qualen Israels ein Ende setzen werde. Sie irren sich. Das wird nicht ausreichen. Der Charakter der Region muss sich wandeln, muss tief greifende Umwälzungen erfahren, nicht nur die Beziehungen zwischen dem einen oder anderen Land. Wir brauchen einen neuen Nahen Osten. Ohne einen neuen Nahen Osten wird die Instabilität andauern und die rapide steigende Geburtenrate die Gebiete ersticken, während die Versteppung der Landwirtschaft den Garaus macht.

Unsere Region würde einem Körper ähneln, der ohne inneres Gleichgewicht wächst, wie ein dicker Bauch, dem ein verkümmertes Gehirn aufgepfropft wird. Ich sehe keinen Grund, noch Jahrhunderte zu warten, bis der nötige Wandel beginnt. Wir leben in einer Zeit, in der sich Veränderungen mit exponentieller Geschwindigkeit vollziehen. Das liegt an den modernen Kommunikationsmedien, aber auch an neuen Bildungsmethoden. Leider sehe ich vorläufig weder bei uns noch bei unseren arabischen Nachbarn genügend aktive politische, intellektuelle oder soziale Kräfte, die diesen Mangel beheben, das Terrain der Zukunft roden und vorbereiten. Der Bedarf ist vorhanden, ist offenkundig. Der Wille zum Handeln fehlt. Deshalb muss man internationale Initiativen einbeziehen. Die ganze Welt muss sich aufmachen und ans Krankenlager des Nahen Ostens eilen und ihn auffordern, die Revolution durchzuführen, die er braucht. Vordringlich sind dabei der unbarmherzige Kampf gegen den Terrorismus und seine vollständige Beseitigung, während man gleichzeitig die eigentliche Entwicklung der Region vorantreibt. Mein großer Traum ist es, den Nahen Osten als ökonomische Erweiterung Europas zu sehen. Das verlangen nicht nur Geschichte und Geographie, sondern auch die Zuwanderung. Es empfiehlt sich, die wichtige Rolle der Immigration in unserer Zeit nicht aus dem Auge zu verlieren. Die Welt bewegt sich, die Menschheit ist ständig in Bewegung. Nehmen wir Amerika, ein Land, von dem man häufig sagt, es sei vom »weißen Mann« geschaffen worden. Heute ist es ein Land mit vielen Rassen. Und die englische Sprache, die lange Zeit die Hauptsprache war, erhält immer stärkere Konkurrenz durch das Spanische. Bill Clinton beliebte zu betonen, er sei wahrscheinlich der letzte amerikanischen Präsident, der kein Spanisch spricht. Und das hat sich bewahrheitet, denn George W. Bush spricht Spanisch. Bei seinen Nachfolgern wird das sicherlich auch der Fall sein. Denn nicht nur die USA erleben kulturelle Umwälzungen, der amerikanische Doppelkontinent im Ganzen wandelt sich. Um auf unsere Region zurückzukommen: Wir brauchen ebenfalls eine Wirtschaftsgemeinschaft, denn der Tribut, den wir dem Terrorismus möglicherweise noch zollen müssen, ist größer als die Summen, die für eine Entwicklung des Nahen Ostens vonnöten wären. Der Krieg hat immer mehr gekostet als der Fortschritt.

Drei Hauptziele

Israel muss sich drei Ziele stecken. Als erstes muss es die jüdische Kultur bewahren. Das ist eine sehr schwierige Aufgabe, denn so gut es uns gelingen mag, Schlachten zu gewinnen, weil wir kampferprobte und effiziente Truppen gegen einen bewaffneten Angriff einsetzen können, so schwierig, ja geradezu unmöglich ist es, einer Invasion der Kulturindustrie standzuhalten. Da existieren keine Grenzen, die Durchdringung ist komplett.

Für die Beherrschung der Sprache der Informationstechnologie sind gute Englischkenntnisse notwendig. Keine Frage. Wissenschaftliche Arbeiten werden im Wesentlichen auf Englisch veröffentlicht, gelegentlich auch auf Französisch. Die Renaissance der hebräischen Sprache, die jahrhundertelang geschlummert hat, ist schon ein wahres Wunder, sie bewahren wollen grenzt jedoch an Tollheit. Die sechseinhalb Millionen Israelis sind die Einzigen, die sich in dieser Sprache ausdrücken. Nirgendwo anders, in keinem anderen Land, spricht man Hebräisch.

Der isralische Humorist Ephraim Kishon erklärte hintersinnig, Israel sei der einzige Ort auf Erden, in dem die Kinder ihrer

Mutter die Muttersprache beibringen. Das Hebräische als Sprache hat kein verwandtes Idiom auf der Welt. Das Jiddische, die Sprache der Aschkenasim, wurde von Millionen osteuropäischer Juden gesprochen und von der Katastrophe der Shoah in Mitleidenschaft gezogen. Ihr Status als offizielle Verkehrssprache in Birobidschan, einer 1928 von Stalin geschaffenen jüdischen Republik, die heute noch zur Russischen Föderation gehört, ist nur eine Anekdote der Geschichte. Das Judeo-Español oder Ladin existiert auf Grund diverser Migrationen wie andere jüdisch-arabische Idiome nur noch in linguistischen Inseln oder als Studienobjekt. Das Judentum als Religion kennt keine »Schwesterreligion«, an die es sich anlehnen könnte. Dass auf der Welt noch ein paar Tausend Karäer und Samaritaner[*] leben, ändert daran nicht viel. Und zudem haben wir keinen Nachbarn, der unsere Geschichte teilt. Dafür haben wir sehr produktive Vorfahren und sehr zähe Eltern, die uns ermutigen, unser Erbe und unsere Traditionen zu bewahren. Trotz eines notgedrungen begrenzten Publikums muss man die hebräische Sprache am Leben erhalten und fortentwickeln. In allen Bereichen, der Literatur, dem Film, der Wissenschaft. Auch in der Welt des Theaters und der Lieder. Es ist eine große Herausforderung, aber wir können uns ihr stellen.

[*] Die Sekte der Karäer, die »Söhne der Schrift«, wurde 770 in Babylonien von Anan Ben David gegründet. Sie halten die biblischen Vorschriften streng ein, lehnen jedoch den Talmud ab. Weltweit leben einige zehntausend Anhänger, verteilt auf Litauen, Polen, Russland, Ägypten und Israel. Die Samaritaner, die nach Meinung einiger Forscher Nachkommen fremder Völker sind, die 722 v. u. Z. von den Assyrern nach Samaria deportiert wurden, anerkennen nur den Pentateuch und das Buch Josua und erklären, der Tempel habe sich nicht in Jerusalem befunden, sondern auf dem Berg Garizim in der Nähe von Nablus. Heute leben in Israel und im Westjordanland nur wenige hundert Anhänger.

Und wenn unsere Autoren auch selten außerhalb der Landesgrenzen Leser finden, so gibt es doch Bereiche, wie die erzählende Literatur und Lyrik zum Beispiel, wo wir Besonderes hervorgebracht haben. Ich nenne die Namen von Samuel Agnon, Aharon Appelfeld, Amos Oz, David Grossmann oder A. B. Jehoshua. Vergessen wir auch nicht die Übersetzungen. Ohne eine jüdische Kultur, ohne jüdische Traditionen, ohne eine jüdische Religion, ohne die hebräische Sprache – was wäre Israel dann noch? Wir besitzen ein Erbe, das wir sorgsam hüten müssen. Das ist unser Lebenszweck. Es ist uns gelungen, es über Tausende von Jahren hinweg zu bewahren, als wir kein eigenes Land besaßen. Seit wir nun unser Land wiedergefunden haben, dürfen wir das Verbindende nicht verlieren oder vergessen, das uns am Leben erhielt und uns trotz der Zerstreuung immer zusammengehalten hat.

Zweites Ziel: Israel muss den größtmöglichen Nutzen aus seinen wissenschaftlichen Kapazitäten ziehen. Ein kleines Land wie das unsere, ohne große Erdölvorkommen und Bergbaugebiete, hat keine andere Wahl, als seine grauen Zellen für Forschung und Bildungswesen auszubeuten. Dabei denke ich vor allem an die Medizin, in der wir ausgezeichnete Leistungen vorweisen können, und ich bin überzeugt, dass dieser Wissenszweig Israels Entwicklung am effektivsten voranbringen wird. Maimonides sagte, das Verhältnis zur Medizin sei gleichbedeutend mit dem Verhältnis zum Leben. In wenigen Jahren hat sich der Etat, den die Industrieländer für das Gesundheitswesen ausgeben, versiebenfacht. Das liegt heute im Trend. Der Mensch möchte länger und in besserer körperlicher Verfassung leben. Er möchte von allen Forschungsergebnissen der Biologie profitieren. Und in diesem Bereich hat Israel sich erstklassige Kenntnisse erworben. Wir leben in einer erstaunlichen Zeit, in der Innovationen auf dem Gebiet der Informatik oder neue Computerleistungen unbemerkt bleiben, während ein revolutionäres

Medikament, das eine schwere Krankheit heilen oder aufhalten kann, sofort in die Schlagzeilen gerät, seinem Erfinder zu Reichtum und seinem Heimatland zu Ruhm verhilft. Nichts auf der Welt wird heute so in den Himmel gehoben wie ein Beitrag zum medizinischen Fortschritt. Mein Traum ist es, dass Israel ein Pionierland und eine führende Nation auf diesem Gebiet wird, mit einem internationalen Forschungszentrum, in dem am medizinischen Fortschritt gearbeitet wird.

Man könnte noch andere wissenschaftliche Bereiche erwähnen, in denen sich Israel engagiert und potentiell Ausgezeichnetes leisten kann, wie die Nanotechnologie, die Genetik und zahlreiche andere Technologien.

Das dritte Ziel schließlich: der Frieden in der Region. Man darf nicht vergessen, dass es einmal eine Zeit gab, in der Juden und Araber friedlich in dieser Gegend und anderswo zusammenlebten. Die heute so vergiftete Atmosphäre in unserer Region entstand durch eine Art arabischen Nationalismus und eifernden islamischen Fundamentalismus, verstärkt durch einen reaktionären Widerstand gegen alles Moderne. Der Frieden zwischen Israel und der Gesamtheit der arabisch-islamischen Welt, vervollständigt durch eine Art Gemeinsamen Markt nahöstlicher Prägung, das ist das dritte Ziel Israels.

Die großen Heimsuchungen, mit denen unsere Welt heute konfrontiert ist, sind Terrorismus, Umweltverschmutzung, Ausbreitung von Wüsten, Drogen und Aids. Aids bedroht das Leben der Menschen, und die Wüste bedroht das Leben der Erde. Es sind grenzübergreifende Probleme, zu deren Lösung Israel in seinem Bereich einen wichtigen Beitrag zu leisten imstande ist. Doch dafür ist eine internationale und regionale Kooperation notwendig. Wie sollen wir das Mittelmeer sauber halten, wenn wir uns die Aufgabe nicht teilen? Wie die Verschmutzung des Luftraums vermeiden, solange ihn die Stechmücken als Träger der gefährlichsten Krankheiten ungehindert durchfliegen können, wenn man keine gemeinsamen Vorkehrungen trifft? Wie soll man das Wasser, das wir so dringend brauchen, gerecht verteilen, wenn wir uns nicht abstimmen? Wasser ist ein politisches Problem. Ohne die Schikanen und Launen, durch die die Politik die regionale Verteilung des Wassers erschwert, wären viele Probleme schon gelöst. Durch eine gerechte Verteilung und eine organisierte Produktion würden die Bedürfnisse jedes Einzelnen ausgewogen befriedigt werden können. Wir können durch die Entsalzung des Meerwassers unsere Wasservorräte beträchtlich aufstocken. Natürlich wäre eine Hilfe von außen notwendig und würde auch angefordert werden.

Das väterliche Erbe des Judentums bewahren und entwickeln, als Staat eine Spitzenstellung in der naturwissenschaftlichen und medizinischen Forschung einnehmen, Frieden mit den Palästinensern im Besonderen und den Nachbarstaaten im Allgemeinen zu schließen, dies sind die Herausforderungen, denen sich Israel in Zukunft wird stellen müssen. Gemeinsam müssen wir, Israelis und Araber, mit Hilfe der ganzen Welt dem Wasser das Salz entziehen, der Wüste das Land und dem Menschen den Hass. Nur so werden wir für unsere Kinder und die kommenden Generationen einen neuen Nahen Osten schaffen.

Die Propheten wurden im Nahen Osten geboren. Ihre Voraussagen dürfen nicht ungehört verhallen. Die Botschaft der Propheten war eine Botschaft des Friedens und der sozialen Gerechtigkeit, sie verkündeten ein tiefes Vertrauen unter den Menschen, denn jeder von uns ist nach dem Ebenbild Gottes geschaffen. Ihre Botschaft ist die Botschaft von der Erschaffung einer gerechteren Gesellschaft, in der es keine Unterdrücker und Unterdrückten, keine Privilegierten und Benachteiligten gibt. Unsere Vorfahren hatten eine Vision. Es ist an uns, sie zu verwirklichen.

Das ist es, woran ich glaube.

Dank

Ich bin mehreren Personen zu Dank verpflichtet, die mir bei der Abfassung dieses Buches geholfen haben.

Ein besonderer Dank geht an Professor Raphael Wolden, der mir seine kostbare Zeit, sein profundes Wissen und seine bemerkenswerte Kenntnis der französischen Sprache zur Verfügung gestellt hat.

Ich danke Marek Halter, dem Initiator dieses Vorhabens, Malcy Ozannat, der bei der Herausgabe des Textes mitgewirkt hat, und Einat Wilf für seine erhellenden Einblicke in die Welt der Wissenschaft.

Die deutsche Ausgabe im Siedler Verlag wurde überarbeitet. Dafür danke ich Thomas Sparr.

Tel Aviv, im Dezember 2003

Namenverzeichnis

© 2004 by Siedler Verlag, München,
ein Unternehmen der Verlagsgruppe
Random House GmbH

Alle Rechte vorbehalten,
auch das der fotomechanischen Wiedergabe.

Schutzumschlag: Rothfos + Gabler, Hamburg
Satz: Ditta Ahmadi, Berlin
Register: Sibylle Wenzel, Berlin
Druck und Bindung: GGP Media, Pößneck
Printed in Germany 2004
ISBN 3-88680-809-2
Erste Auflage